EXCELLENT
TUTORING

대·학·생·을·위·한·학·습·가·이·드

엑설런트 튜터링

황은영 저

학지사

책을 펴내며

이 책은 튜터링의 효과적인 진행 방법과 참여 방법을 소개하고 있습니다. 튜터링이란 대학에 개설되어 있는 특정 교과목에서 우수한 학점을 이수한 학생(튜터)과 그 과목의 학습에 도움을 받고자 하는 학생(튜티)이 함께 팀을 이루어 공부하는 학생 주도의 학습 커뮤니티입니다.

튜터링은 비슷한 연령의 또래 학생들이 서로의 교과 학습 방법 및 대학생활 적응과 관련된 여러 가지 정보를 공유하면서 대학의 소속감과 심리적 안정감을 가지게 할 뿐만 아니라, 대인 관계 능력, 의사소통 능력 등을 개발할 수 있습니다.

2003년 이후, 국내 여러 대학에서는 명칭과 운영 방식에 차이를 두고 튜터링 프로그램을 지원해 오고 있습니다. 이러한 튜터링 프로그램은 튜터링에 대한 학생들의 참여율 증가와 튜터링에 대한 기대 효과가 입증되면서 점차 각 대학으로 확산되고 있습니다. 이에 튜터링을 통해 학생들

간의 상호 협력 관계를 극대화하고 튜터와 튜티 모두에게 도움이 될 수 있는 튜터링 운영 가이드가 필요하다는 생각을 하게 되었습니다.

이 책은 2005학년도 이후 튜터링에 참여했던 학생들의 의견과 튜터링 운영 및 지원 경험을 정리하여 튜터링 진행 단계별 튜터링 노하우에 대해 설명하고 있습니다.

이 책은 7장으로 구성되어 있습니다. 1장에서는 튜터링에 대한 전반적인 이해를 돕기 위해 튜터링의 의미와 목적, 구체적인 튜터링 운영 방법을 제시하였으며, 2장, 3장, 4장, 5장은 튜터링 시작 전부터 마무리까지 튜터와 튜티가 알아야 할 튜터링 전략을 예시와 함께 설명하였습니다. 6장은 튜터링을 통해 튜터와 튜티가 각각 얻게 되는 효과를 설명하였고, 7장에서는 국내외 대학의 튜터링 현황을 정리하였습니다. 마지막으로 부록에서는 튜터링에 필요한 여러 가지 양식을 정리하여 튜터링 지원을 담당하고 있는 대학 관계자들에게 도움이 되도록 하였습니다.

튜터링 관련 자료를 정리하면서 각 대학에서 지원하고 있는 전반적인 튜터링 프로그램의 운영 과정을 포괄하려고 노력하였으나, 부분적으로 필자가 소속되어 있는 대학의 튜터링 프로그램 운영 과정 중심으로 설명되었음을 밝힙니다.

이 책이 나오기까지 주변의 많은 분들의 도움이 있었습니다.

튜터링 프로그램에 직접 참여하여 우수 튜터로 선정된 바 있는 유재일 대학원생이 자신의 튜터링 노하우를 정리하여 제공하였으며, 또한 부록에 수록되어 있는 국내외 튜터링 프로그램 지원 현황 조사와 자료 정리도 도와주었습니다. 이 책을 완성하는 데 도움이 매우 컸습니다. 진심으로 감사의 마음을 전합니다.

본인들의 튜터링 경험을 후배들에게 전해 주고자 관련 자료를 흔쾌히 제공해 주었던 튜터, 튜티들에게도 고마움을 전합니다.

또한 학문의 동반자이자 훌륭한 인생의 멘토 역할을 해 주고 있는 남편과 소중한 두 아이 동균, 유진에게도 감사와 사랑을 전합니다.

끝으로 알찬 대학생활을 설계하고 있는 대학생들이나 튜터링을 현재 지원하고 있는 대학의 관계자분들 혹은 향후 대학에서 튜터링 프로그램을 기획하고 계시는 분들에게 이 책이 조금이나마 도움이 되었으면 하는 바람을 가집니다.

연세대학교 백양관에서

저자 황은영

목 차

1

튜터링이란

1 튜터링이란

1. 튜터링의 의미와 목적

최근 많은 대학에서 튜터링 프로그램이 운영되고 있습니다. 일반적으로 대학에서 이루어지고 있는 튜터링은 학교에서 개설된 교과목 중 특정 교과목에서 우수한 실력을 갖춘 튜터와 그 과목의 학습에 도움을 받고자 하는 튜티가 팀을 이루어 한 학기 동안 함께 공부하는 학생 주도의 학습 커뮤니티입니다. 튜터링에서 튜터는 해당 교과목에 도움을 주는 학생을 의미하며, 튜티는 도움을 받는 학생을 의미합니다.

이러한 튜터링은 튜터에게 학문적 자아 존중감 증진과 반복 학습을 통한 교과 이해 증진, 자원 봉사 활동의 기회 제공, 리더십 개발 등의 목적이 있습니다. 튜티의 경우는 학업 불안감 감소, 교과목에 대한 체계적인 이해, 학습 방법 획득 등의 튜터링 참가 목적이 있습니다. 튜터와 튜티의 공통적인 목적으로는 선후배, 동년배 간의 학문적 유대감 형성 및 학습 공동체 구성, 학습 동기 증진, 커뮤니케이션 능력 배양의 기회 등이 있습니다.

특히 외국인 학생들의 국내 대학 입학이 증가함에 따라 이들의 학업 적응을 도울 수 있는 방법으로 튜터링 프로그램이 활용되고 있습니다. 외국인 학생들은 튜터링을 통해 전공 과제 해결을 위한 기초 지식의 이해와 여러 가지 학습 전략에 대한 정보를 제공받을 수 있습니다. 또한 학과 공부 이외에 정기적인 만남을 통해 대학 문화에 대한 이해와 대학 생활 적응과 관련된 여러 가지 정보를 얻을 수 있습니다. 이렇듯 튜터링에 참여하는 외국인 학생들은 한국 학생들과 선후배 관계를 형성하여 심리적 안정감을 가지고 학업에 전념할 수 있습니다.

이 외에도 영어로 진행하는 전공 수업에서 영어로 말하고, 듣고, 쓰고, 읽어야 하는 과제 해결을 위해 튜터링을 활용할 수 있습니다.

튜터링은 한 학기당 30시간 이상의 활동 시간이 필수 요건이며, 튜터와 튜티로 구성된 팀 단위의 개별 학습활동이 주된 요소이지만, 튜터링의 효율적인 진행과 운영을 위해 다음과 같은 과정이 필요합니다.

2. 튜터링 운영 방법

1) 튜터, 튜티 신청

튜터와 튜티 신청은 온라인상에서 튜터링 과목을 중심으로 자유롭게 신청할 수 있어야 합니다. 즉, 튜터와 튜티가 원하는 튜터링 과목과 활동 내용을 신청 가능하도록 온라인 시스템을 갖추는 것이 필요합니다.

튜터는 교내 개설된 과목 중 튜터링 과목에서 A⁻이상의 학점을 이수한 학부생, 휴학생, 전공 대학원생에 한해서 신청이 가능합니다.

학교에 따라 전공과목 중 학생들이 어려워하는 과목을 중심으로 튜터 모집을 하는 경우도 있지만, 대부분의 국내 대학에서는 교내 개설된 모든 교과목을 튜터링 과목으로 오픈하는 경우가 더 많습니다. 튜터 신청을 할 때 유의해야 할 점은 튜티로 신청하는 학생들이 튜터링 진행 내용에 대해 알 수 있도록 온라인상에 튜터링 학습 계획서를 올려야 하는 것입니다.

튜터의 튜터링 학습 계획서에는 다음과 같은 내용이 포함될 수 있습니다.

- 튜터의 기본 정보(이름, 소속, 학과, 연락처)
- 튜터링 신청 과목(과거 이수했던 과목의 담당 교수명)
- 튜터링 시간
- 튜터링 학습 목표
- 학습 개요 및 과목 설명
- 튜터링 과목 성적
- 남기고 싶은 말

튜티는 재학중인 학부생, 휴학생, 대학원생이 참가 신청할 수 있습니다. 특히 복학생, 편입생, 외국인 학생들이 참여하면 학업뿐 아니라 대학 생활 적응에도 도움을 받을 수 있습니다. 튜티로 참여하는 대학원생의 경우는 학부 전공과 대학원에서의 전공이 다르거나, 학부를 타학교에서 졸업하여 학부에서 개설된 전공 과목을 학습해야 하는 이유 등으로 튜터링에 참여하여 도움을 받을 수 있습니다.

튜터와 마찬가지로 튜티는 자신이 도움받기 원하는 튜터링 과목을 신청할 수 있습니다. 만약 온라인상에 튜티가 도움받기 원하는 튜터링 과목이 튜터에 의해 미리 신청되어 있다면 그 팀의 튜티로 신청하면 됩니다. 튜터링 튜터와 튜티 신청 방법은 〈부록〉에 수록된 튜터링 온라인 신청 양식을 참고하시기 바랍니다.

2) 튜터링 오리엔테이션

튜터링을 주관하는 기관에서는 튜터와 튜티가 연결을 마친 후, 튜터링 진행 시 유의해야 할 내용을 튜터링 참가자들에게 제공해야 합니다.

오리엔테이션에서 제공되어야 하는 튜터링 정보로는 아래와 같은 것들이 있습니다.

- 튜터링의 목적
- 튜터와 튜티의 역할
- 과목별 튜터링 자료
- 튜터링 진행 시 나타날 수 있는 갈등 해결 방법
- 튜터링 활동 일지 작성법 및 활용 방법
- 팀별 튜터링 평가 방법 및 예시 제공
- 이전 튜터링 참가자들의 튜터링 참여 만족도 조사 결과
- 튜터링 효과
- 튜터링 행사 일정 및 소개
- 튜터의 인센티브(자원 봉사 인증서 활용 방법) 설명 등이 포함됩니다.

이 외에도 오리엔테이션의 한 섹션을 직전학기 튜터링 우수 팀과 우수 튜터 시상식으로 구성하여 튜터링 참가자들의 참여 동기를 유발할 수 있습니다.

3) 튜터링 활동 일지(보고서) 중간 확인 및 학기 말 최종 제출

튜터링의 각 팀들은 튜터링 시작부터 종료 기간 동안 활동 일지(보고서)를 작성하여 튜터링 활동을 계획적으로 진행하게 됩니다.

튜터링 활동 일지(보고서)는 다음과 같은 내용으로 구성될 수 있습니다.

- 튜터와 튜티의 정보(이름, 소속, 학번, 연락처)
- 튜터링 출석 현황
- 학습 계획서
- 오늘의 튜터링 내용 및 방법
- 다음 튜터링 계획
- 튜터링 장소
- 튜터 평가
- 튜티 소감
- 튜터링 진행 방법
- 활동 일지 중간, 최종 확인란

활동 일지 기록은 튜터링 평가를 위한 근거 자료일 뿐만 아니라 튜터와 튜티가 한 학기 동안 공유하는 학습 노하우와 관련 자료들을 정리하기 위한 것입니다.

튜터링 활동 중간 확인 시 튜터링 코디네이터는 튜터링 활동 일지에 기록되어 있는 16주 동안의 튜터링 계획을 확인하고, 튜터링 매회 기록되어 있는 튜터의 자체 평가와 튜티의 소감 내용을 면밀히 체크해야 합니다. 또한 튜터링 진행 과정에서 어려운 점이나 지원받기 원하는 요구가 무엇인지 체크하여 남아 있는 튜터링 활동 시간을 성공적으로 운영할 수 있도록 도와주어야 합니다. 특히 튜티가 원하는 요구를 충족해 주기 위한 튜터링 진행 방법을 제공하는 것도 튜터링 코디네이터의 역할 중 중요한 부분입니다. 학생들은 튜터링 활동 종료 후 한 학기 동안 튜터링 활동이 기록되어 있는 활동 일지를 튜터링 코디네이터에게 제출함으로써 30시간의 활동을 인증받게 됩니다. 튜터링 행사 가운데 튜터링 중간 활동 확인을 통한 모니터링과 최종 일지 제출은 체계적인 튜터링 진행에 도움을 줍니다. 학교에 따라 튜터링 활동 일지 작성 대신 중간·최종 학습 보고서를 제출하게 하는 경우도 있습니다. 활동 일지 양식은 〈부록〉을 참고하시기 바랍니다.

4) 튜터 교육

튜터가 아무리 많은 정보를 가지고 있다고 하더라도 그 정보가 튜티에게 도움이 되지 않는다면 의미가 없습니다. 튜터링에서 의미 있는 정보는 튜티가 도움받기 원하는 정보입니다. 따라서 튜터 교육의 내용은 효과적으로 정보를 전달하는 방법을 중심으로 구성되어야 합니다.

- 정보 공유 방법
- 튜티 이해 방법
- 동일한 튜터링 과목의 자료, 진행 노하우
- 커뮤니케이션 방법
- 갈등 해결 방법
- 명예 튜터(과거 튜터링에 참가한 경험이 있는 우수한 튜터)와의 만남
- 튜터링 성공, 실패 사례 등

5) 튜터링 평가

한 학기 동안 진행된 튜터링 평가 결과에 근거하여 튜터의 사회봉사 학점 이수 여부와 튜터링 인증서 발급 여부, 우수 튜터와 우수 팀을 선정합니다. 학교에 따라 사회봉사 학점 이수 대신 다양한 인센티브를 제공하기도 합니다. 〈부록〉의 국내외 대학의 튜터링 현황을 참고하시기 바랍니다.

튜터링 평가에는 아래와 같은 내용이 포함될 수 있습니다.

- 오리엔테이션 참가 여부
- 튜터링 중간 확인 및 최종 확인
- 활동 일지 내용
- 활동 시간
- 팀별 튜터링 발표회 내용(5장 참고)
- 튜티의 만족도 조사 등

2

튜터링 시작 전 준비

2 튜터링 시작 전 준비

1. 튜터링 유형에 따른 전략 준비

튜터와 튜티의 만남이 이루어지는 방식에 따라 튜터링 진행 전략 준비가 다를 수 있습니다. 튜터링은 지정팀(Appointment) 방식과 비지정팀(Drop-in) 방식으로 진행될 수 있습니다.

• 지정팀 튜터링

학기 초 학습 주제를 중심으로 연결된 튜터와 튜티가 한 팀으로 고정되어 그들의 방식 대로 정기적으로 만나서 튜터링을 진행하는 것을 의미합니다. 따라서 튜터링 진행 전에 튜티들이 원하는 방식과 학습 범위를 사전 조율하는 것이 필요합니다.

- **비지정팀 튜터링**

해당 과목의 튜터가 일정한 시간과 장소를 정해 놓고 시간표에 따라 상주하고 있으면 도움을 원하는 불특정 다수의 학생들이 튜티로 참여하여 튜터링이 진행되는 방식입니다. 지정팀(Appointment) 튜터링과 다른 점은 튜티가 고정되어 있지 않다는 점입니다. 대개 비지정팀(Drop-in) 튜터링에 참여하는 튜터와 튜티는 같은 전공의 학생들로 구성되며, 학과에서 튜터를 선정하여 전공 과목을 중심으로 운영되는 경우가 많습니다.

위의 방식에 따라 다음과 같은 전략 준비가 필요합니다.

- **전공과 학년이 다른 학생들끼리 팀을 이루어 진행하는 튜터링**

이 경우, 튜터가 도움을 줄 수 있는 튜터링 내용과 도움을 받고자 하는 튜티의 튜터링 내용을 반드시 체크합니다. 전공과 학년이 다른 학생들끼리 팀을 이루어 진행하는 튜터링은 튜터링 내용에 대한 튜터와 튜티의 기대 수준이 다를 수 있기 때문에 튜터링을 통해 얻고자 하는 튜티의 목표와 기대 성과에 대해 튜터와 튜티는 사전에 충분한 대화가 필요합니다.

- 전공은 같고 학년이 다른 학생들끼리 팀을 이루어 진행하는 튜터링

이 경우 대부분 튜터와 튜티는 동일 전공 소속 선후배 관계로 전공에 대한 기대 수준이 비슷합니다. 따라서 튜터는 튜티에게 전공의 전문성을 습득하기 위해 필요한 지식과 기술에 대한 정보를 폭넓게 알고 가이드해 줄 수 있어야 합니다.

2. 튜터링 시간 계획

튜터링은 한 학기 동안 30시간 이상의 활동을 기본으로 하고 있습니다. 튜터와 튜티 모두가 학생이므로 튜터링에 대한 시간 계획을 어떻게 하느냐에 튜터링의 성공이 결정됩니다.

튜터와 튜티는 16주의 한 학기 학사 일정에 따라 튜터링 활동을 위해 정기적인 시간을 할애할 수 있어야 합니다. 수강 과목에 따른 중간 시험, 기말 시험, 중간 퀴즈, 보고서 제출, 수업 소모임 참여, 동아리 활동, 아르바이트, 학교 행사 등의 일정을 고려하여 튜터링 활동에 대한 시간 계획을 세워야 합니다. 참고로 튜터링에 참여하는 튜터들의 설문 결과, 튜터링 1회에 대한 활동 준비는 주당 평균 두 시간 이상으로 나타났습니다. 따라서 튜터링 시

〈예시 2-1〉 튜터와 튜티 시간 계획

	월					화					수					목					금					토				
	Tu	T1	T2	T3	T4	Tu	T1	T2	T3	T4	Tu	T1	T2	T3	T4	Tu	T1	T2	T3	T4	Tu	T1	T2	T3	T4	Tu	T1	T2	T3	T4
9시						■					■		■			■					■			■		■		■	■	
10시			■			■													■		■		■	■		■		■	■	
11시			■				■				■										■		■			■		■	■	
12시			■				■														■		■			■		■	■	
1시											■						■				■		■			■			■	
2시																	■									■			■	
3시	■			■		■	■				■		■			■	■									■			■	
4시	■			■		■	■				■		■			■	■									■			■	
5시	■					■					■		■			■								■		■			■	
6시													■											■		■			■	

Tu : 튜터 / T1~T4 : 튜티1~튜티4(■ : 가능한 시간)

간 계획을 할 때 튜터는 튜터링 준비 시간까지도 고려해야 합니다.

튜터링 시간 계획에서 기억해야 하는 다른 하나는 튜티들에 대한 사전 정보입니다. 튜티가 도움받고자 하는 과목이 재수강 과목인지, 초수강인지에 대한 정보와 튜터가 도움을 줄 튜티의 수, 성별, 학년, 연령, 전공, 주간 스케줄을 확인해야 합니다. 튜터링에 대한 동일한 기대 수준을 가지고 있는 튜티끼리 팀을 이루어 튜터링을 진행하는 것이 좋습니다. 즉, 튜티의 기대 수준에 따라 튜터는 튜티를 여러 팀으로 나누어 튜터링을 진행할 수 있습니다. 이때 튜터는 자신의 주간 스케줄 범위 내에서 튜티와 합의하여 튜터링 시간을 조율해야 합니다.

3. 튜티 의견 수렴하기

튜터링 준비 기간에 가장 필요한 활동은 튜터링 활동 개시 전에 튜티들의 의견을 수렴하는 것입니다. 튜터는 시간 계획, 학습 계획, 튜터에게 바라는 점 등의 의견들을 튜티들에게 적극적으로 요구하여야 합니다. 보통 튜터링 조 편성이 개강 후 일주일을 전후하여 이루어지는 점을 감안하면, 튜터와 튜티의 첫 만남이 이루어지는 개강 첫 주 전까지 이메일을 통한 의견 조율이 가능합니다. 아래의 예시는 튜터가 미리 자신과 만나게 될 튜티들에게 보낸 메일 원문과 튜티의 응답을 정리한 것입니다. 튜터링이 시작하기 전에 튜터가 적극적으로 접촉하면 튜터와 튜티, 튜티와 튜티 간의 의견을 충분히 나눌 수 있는 시간적 여유를 가질 수 있습니다. 특히 튜터 입장에서는 튜티가 원하는 학습 방향을 생각할 수 있는 시간 여유를 가질 수 있습니다.

〈예시 2-2〉 튜터가 튜티에게 보낸 메일

다음 주 월요일(13일) 오후 5시 30분에 튜터링 O・T가 예정되어 있긴 하지만, 그전에 튜터링 세부 사항을 조율하기 위해 몇 가지를 조사할까 합니다.

1. 일주일 중 몇 시간을 할애하여 진행하는 게 좋은지 적어 주십시오.

현재 수업이 진행 중이므로 강의를 들어 보셨을 거라 생각합니다. 첫 수업이라 내용도 많지 않았고 어렵지 않아 무엇을 공부할지 계획을 세우기 어렵지만 분명한 건 ○○○교수님께서는 약속은 반드시 지키신다는 점입니다. 강의 계획서에 있는 내용은 무슨 일이 있어도 다 하십니다. 게다가 내용은 첫 수업과 달리 결코 쉽지 않습니다. 제 개인적으로는 일주일 2회 3~4시간을 생각하고 있습니다만 진도에 따라 그 이상도 생각하고 있습니다.

2. 만약 튜터링 활동을 하게 된다면 가능한 모든 시간을 적어 주십시오.

전공도 다르고 각자 낼 수 있는 시간도 다르기 때문에 시간 약속이 굉장히 힘들 것 같습니다. 가급적 솔직히 가능한 시간을 모두 적어 주시면 좋겠습니다. 죄송한 얘기지만 아르바이트를 하고 있는 터라 학교에서 늦어도 4시 40분에는 출발해야 합니다.
그 외의 시간은 튜티분들이 가능한 시간과 조율하여 튜터링 계획을 잡도록 하겠습니다. 참고로 제가 가능한 시간을 알려드리겠습니다.
월, 화, 수, 목 오후 3~4시 30분 / 금 오전 9시~오후 2시 / 토 하루 종일(화 오전 9~11시 / 수, 목 오전 9~10시 ← 이 시간들도 가능하지만 아침에 오시고 싶지는 않으시겠죠?)

3. 튜터링 진행 속도는 어느 정도면 적당할지 의견을 적어 주십시오.

강의 계획서를 보셔서 아실테지만 전반부 수업은 그렇게 어렵지 않습니다. 하지만 후반부는 절대 그렇지 않습니다. 당장 3월 말(4월 1일이나 8일쯤이 되지 않을까 싶은데)에 있을 1차 시험 준비도 있고 하니 진도를 좀 서두르는 게 좋지 않을까 합니다. 아무튼 개인마다 생각하시는 바가 있을 테니 의견 적어 주시면 협의하여 최대한 반영하는 쪽으로 하겠습니다.

4. 튜터링 진행 방법은 어떤 방식이 좋을까요?(예: chapter를 나누어서 발표하는 형식)

전 교수도 조교도 아닙니다. 제가 먼저 이 과목을 이수했고, 튜터를 할 수 있을 정도의 성적을 받기는 했지만 저는 그저 함께 공부하는 이 팀의 리더일 뿐입니다. 저도 공부할 것이고, 저도 여러분들과 함께 발표 자료를 만들고 참여할 겁니다. 현재 저는 튜터링 진행을 위해 옛 기억도 살릴 겸 ○○○ 교수님 ○○○○학 수업(월5, 6/수6)을 청강하고 있습니다. 그래야 시험 볼 때 문제라도 찍어드릴 수 있으니까요.

5. 그리고 튜터인 저와 다른 튜티에게 하고 싶은 말이 있으면 써 주십시오.

___

___

___

〈예시 2-3〉 튜터와 튜티들의 의견 조율 결과

구 분	주별 모임 횟수	진행 속도/다룰 범위	진행 방식	비 고
튜터	주2회 (1회당 1시간 반~2시간)	우선 강의 계획서의 순서만, 심화 과정은 별도의 시간 편성	• 개인별 chapter 할당 발표 • 발표 후 질문답변	• 매 시간 제출하는 과제물을 이용하여 발표물 준비 • 관심 있는 분야의 학술지 기사 준비 독해
튜티1	주1회 (2회 이상이 어려울 것이라고 예상, 진행하면서 횟수를 늘리자는 의견)	1, 2차는 수업 내용 복습이나 숙제 위주로 하고, 시험 전에 정리 정도면 좋을 것 같습니다.	• 수업 시간에 배운 내용 복습 • 연습 문제 풀이	
튜티2	다른 과목에 지장 안 줄 정도(?)	상관 없음	상관 없음	토요일 오전이나 일요일 활용하는 것이 좋을 것 같다는 의견
튜티3	주2회 (1회당 1~2시간)	1회는 복습, 나머지 1회는 다음 시간 예습	• 발표식은 조금 부담 • 이해하지 못한 것 질문/대답	• 화/수는 절대 안됨 • 토요일은 무방
튜티4	주2회 (1회당 2시간 정도)	심화 학습을 하고 싶음		관심 분야의 논문 읽기를 하고 싶음

4. 학습 계획서 작성

한 학기 동안 진행할 튜터링 학습 계획서는 튜터와 튜티가 지켜야 하는 일종의 계약서와 같습니다. 또한 학습 계획서는 한 학기 동안 무엇을, 어떻게, 얼마 동안, 얼마만큼 공부할 것인지에 대한 지침서이기도 합니다.

따라서 학습 계획서는 튜터와 튜티의 기대 목표, 요구사항, 성취 결과 등을 포함하고 있어야 합니다. 특히 학습 계획서는 튜티의 특성을 고려한 구체적인 학습 목표와 학습 내용, 학습 방법, 학습 기간, 학습 결과를 명시하여 튜티들로 하여금 학습 동기를 유발할 수 있어야 합니다. 이 같은 학습 계획서는 학생들 각자가 요구하는 튜터와 튜티를 만나기 위한 정보원으로서 사용될 수도 있습니다.

학습 계획서에 반드시 명시되어야 할 요소는 다음과 같습니다.

– 튜터링 과목, 담당 교수 이름, 교재명
– 튜터링 목표, 내용, 방법, 결과
– 튜터링에 대한 개괄적 소개
– 튜터링 시간, 장소
– 튜터와 튜티의 정보(이메일, 연락처 등)

- 튜터링 결석 및 지각 시 벌칙
- 국내외 관련 문헌 자료 및 웹사이트 정보 소개

해당 과목을 수강하면서 튜터링을 통해 도움받고자 하는 튜티는 수강 과목의 진도에 따라 튜터링 계획을 세우면 좋습니다. 수강 과목의 진도 보충 설명이나 심도 깊은 이해를 도울 수 있는 관련 정보와 예시 풀이 연습 내용 등을 학습 계획서에 포함하는 것도 좋습니다.

튜터링 학습 계획서는 고정되어 있기 보다는 튜터링 진행 상황에 따라 수정될 수 있습니다.

가능하다면 튜터링 학습 계획서를 일일, 주간, 월별로 작성해 보는 것도 좋습니다. 이때 튜터가 튜터링에 참여하지 못하게 되는 기간에 튜티들끼리 튜터링을 진행하거나 개별 학습을 할 수 있는 자료를 제공하는 등의 계획도 고려하십시오.

5. 튜터링 자료 준비

튜터링은 해당 과목과 튜터의 특성에 따라 그 진행 방법이 다양합니다. 튜터링 과목이 외국어일 경우 튜터는 여러 가지 시청각 자료와 문헌 자료, 외국 문화 체험 등을 통해 직접 외국어를 사용해 볼 수 있도록 튜터링을 진행합니다. 이공학 계열에서는 대부분 문제 풀이를 위한 논리적인 풀이 과정 설명과 문제풀이 연습을 위해 화이트보드 혹은 칠판을 이용하기도 합니다. 통계 프로그램을 이용하여 문제풀이를 해결해야 하는 경우에는 노트북 등을 이용하기도 합니다. 글쓰기와 같은 작문 관련 과목의 경우에는 원고지를 준비하여 직접 글쓰기를 해 보고 그에 대한 첨삭 지도, 논제에 대한 토의 등의 활동을 합니다. 외국인 학생들에게 글쓰기 도움을 줄 경우에는 맞춤법 연습서, 신문 사설, 수필집 등을 활용하기도 합니다.

이와 같이 튜터링에서 다룰 과목과 주제가 전공별로 다양하기 때문에 튜터와 튜티가 준비해야 하는 자료도 다양합니다. 튜터링 자료의 다양성은 튜터가 가지고 있는 튜터링 해당 과목의 사전 지식과 매우 관련이 깊습니다. 예를 들면 튜터가 학년이 높거나, 해당 과목에 대한 흥미와 관심, 열의가 높은 경우 튜티가 제공받는 튜터링 자료는 매우 풍부해질 수 있습니다. 이에 따라 튜터와 튜티가 다루는 튜터링 주제와 그 주제와 관련된 정보, 논의되는 내용은 질적으로 높은 수준을 유지하게 되며, 이러한 튜터의 모델링을 통해 튜티는 학습 동기가 유발됩니다.

〈예시 2-4〉 '세포생물학' 튜터링 학습 자료

튜터링을 위한 자료는 튜터가 작성했던 노트를 이용할 수 있고, 인터넷에서 제공되는 여러 학습 자료를 이용할 수도 있습니다. 예를 들어, 네이버 카페 '전국대학 무료 강의

노트 다 모아모아(http://cafe.naver.com/studymoa)'에서 많은 국내 대학의 강의노트 파일를 구할 수 있습니다[그림 2-1].

해외 웹사이트로 MIT(http://student.mit.edu/catalog/index.cgi)를 추천합니다. 이공계 기초 과목(물리학, 화학, 생물학)의 연습 문제, 중간/기말 고사 문제와 풀이가 각 과목 웹페이지에 게시되어 학교 외부인도 자유롭게 이용할 수 있습니다. 이곳은 최근 학생들의 수요가 증가하는 이공계 기초 과목을 위한 학습 자료를 쉽게 얻을 수 있는 웹사이트입니다[그림 2-2].

이 외에도 튜터링에 참가하지 않는 친구들을 통해 자료를 얻거나, 튜터링 주관 기관에서 튜터링에 필요한 노하우나 학습 자료 등을 제공받을 수도 있습니다.

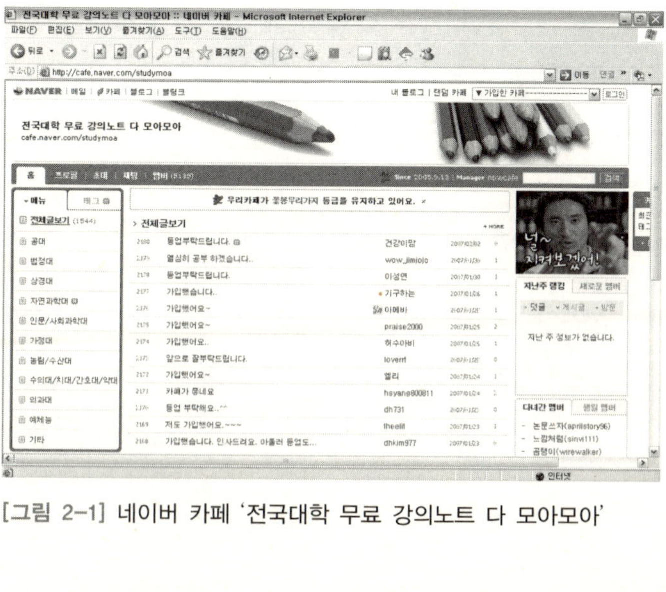

[그림 2-1] 네이버 카페 '전국대학 무료 강의노트 다 모아모아'

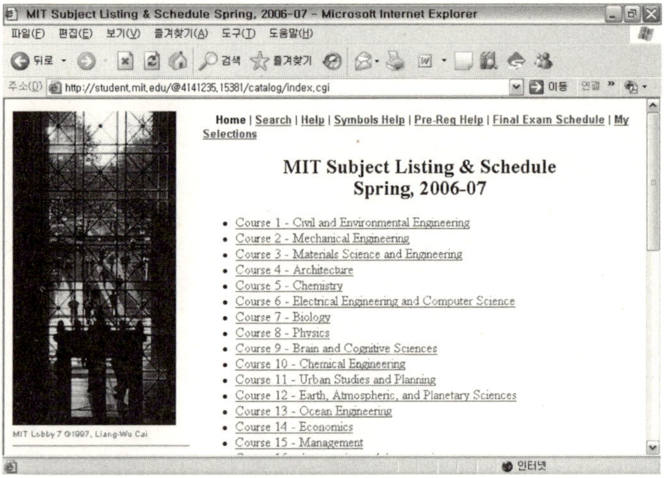

[그림 2-2] 주제 목록

6. 튜터와 튜티의 역할 및 태도 알기

튜터와 튜티의 역할을 알기 위해서는 학기 초 진행되는 튜터링 오리엔테이션에 반드시 참가하여 다음과 같은 정보를 알고 있어야 합니다. 튜터는 튜티의 학습과 학교 생활을 돕는 동료 학생입니다. 그러나 많은 튜티들은 튜터를 다른 형태의 과외 선생님으로 생각하기도 합니다. 간혹 튜터를 과외 선생님이라 생각하는 튜티들은 튜터들에게 자신의 성적을 보장할 것을 요구하는 경우가 있습니다. 이러한 오해를 없애기 위해 튜터와 튜티들은 각자 자신의 역할을 명확히 알고 있어야 합니다.

성공적인 튜터링 진행을 위한 튜터의 역할 및 태도는 다음과 같습니다.

• 튜터의 역할
  - 튜터링 과목에 자신감을 가지고 과목 내용을 다양한 관점에서 설명할 수 있어야 합니다.
  - 학습 주제를 간략히 정리해 줄 수 있어야 합니다.
  - 학습 내용을 개괄하여 제시할 수 있어야 합니다.
  - 학습 내용이 적용되는 실례를 들 수 있어야 합니다.

이때 튜터는 절대 해당 과목의 교수자가 아니라는 것을 명심하십시오. 또한 교수자의 대리인도 아닙니다. 튜터들은 해당 과목에 대해 미리 공부한 경험을 가지고 있는 학생일 뿐입니다. 튜터링을 통해 해당 교과목의 교수자를 평가한다거나 비난하는 행위는 절대 삼가야 합니다.

• 튜티를 대할 때의 태도
  - 인내심을 가지고 튜티의 상황을 파악하여 적절하게 대처할 수 있어야 합니다.
  - 학업 이외에도 튜티의 어려운 점(진로 등)에 대한 이야기를 잘 들어줄 수 있어야 합니다.
  - 튜티가 튜터에게만 의존하지 않고 스스로 학습할 수 있도록 도울 수 있어야 합니다.

- 튜터링 그룹원 간의 유대감을 형성할 수 있어야 합니다. 또한 정보를 공유할 수 있도록 해야 합니다.
- 튜터링에 대한 의무감을 가지고 자신의 역할을 다할 수 있어야 합니다.
- 튜터링 시간이 튜터와 튜티 모두의 학습 시간이 되도록 효과적으로 활용할 수 있어야 합니다.
- 튜터링 일정과 장소를 확실히 관리할 수 있어야 합니다.
- 겸손한 자세로 튜터링에 임할 수 있어야 합니다.
- 가르친다기보다는 함께 공부한다는 생각으로 임할 수 있어야 합니다.

• 튜터링 진행 방식

- 교과 내용을 쉽게 이해할 수 있도록 적절한 보조자료를 선정할 수 있어야 합니다.
- 튜티 개개인의 성취 수준에 맞는 적정한 피드백(자료 포함)을 줄 수 있어야 합니다.
- 융통성을 가지고 상황을 조절할 수 있어야 합니다.
- 퀴즈, 시험, 과제물 등을 적절히 사용하여 학습 능률을 높일 수 있어야 합니다.
- 튜티의 흥미를 유발할 수 있어야 합니다.
- 튜티의 학습 속도를 고려하여 진행할 수 있어야 합니다.

- 튜티와의 의견 교류를 통해 튜티들의 자발적 참여를 유도할 수 있어야 합니다.

튜터는 튜티를 가르치지 마십시오. 학습하는 방법에 대해 학습할 수 있도록 도와주십시오.

성공적인 튜터링 진행을 위한 튜티의 태도는 다음과 같습니다.

- 배우려는 자세를 가지고 튜터가 부여한 과제를 성실히 수행해야 합니다.
- 튜터링 약속 시간을 엄수해야 합니다.
- 튜터링 전에 학습할 내용을 준비해 가야 합니다.
- 튜터링을 통해 얻고자 하는 목표를 확실히 정해야 합니다.
- 튜터링 과목에 대해 관심을 가져야 합니다.
- 튜터링의 기회를 소중히 여겨야 합니다.
- 과제는 최대한 스스로 해결하려고 해야 합니다.
- 튜터의 질문에 적극적으로 반응해야 합니다.
- 예습 및 복습을 철저히 해야 합니다.
- 튜터링에 집중해야 합니다.
- 학습 방법에 대해 적극적으로 물어볼 수 있어야 합니다.

- 튜터에게 의존하기보다는 능동적으로 참여해야 합니다.
- 튜터에게 무리한 요구(과제 완성, 보고서 작성 등)를 하지 않아야 합니다.
- 튜터에게 고마운 마음을 가져야 합니다.
- 튜터링의 팀워크를 중시해야 합니다.
- 튜터에게 피드백을 제공할 수 있어야 합니다.

3

튜터링 시작

3 튜터링 시작

1. 오리엔테이션

오리엔테이션은 튜터링의 공식 시작을 알리는 행사입니다. 이 행사에서 튜터링에 참가하는 학생들이 첫 만남을 가지고, 학습 내용을 결정하며 시간 계획을 짭니다. 튜터링을 진행하는 데 필요한 시간, 교재, 학습 범위 등이 이 행사를 통해 결정되므로 튜터링에 참가하는 학생들은 반드시 이 행사에 참가해야 합니다.

앞서 이야기한 바와 같이 전화 혹은 이메일을 통해 오리엔테이션 이전에 튜터가 튜티에게 사전 연락을 했을 경우, 첫 모임에서 튜터와 튜티가 상호 간의 의견을 조율하기 쉽습니다. 일단 학기가 진행되면 튜터링 팀 구성원이 모두 모이는 시간 약속을 잡기가 어려워지기 때문에 대부분 모든 학생들이 참가하는 오리엔테이션에서 튜터링 활동의 주요 내용을 전달하는 것이 바람직합니다.

2. 관계 맺기

튜터링 첫 시간 튜터와 튜티는 튜터링 과목의 학습 목적과 평소 자신이 생각하는 학문적 관심, 진로에 대한 계획 등을 소개하면서 자연스러운 라포를 형성해 나가는 것이 바람직합니다. 튜터는 튜티들의 이름 및 개인 신상에 대한 정보를 기억하는 것이 좋습니다.

한 학기 동안 한 팀이라는 유대감과 소속감을 유지하기 위해 팀명을 짓거나 팀만의 커뮤니티를 만드는 것도 라포 형성에 도움이 됩니다. 튜터링 분위기를 엄숙하고 형식적인 만남으로 이끌 것인지, 재미있고 기다려지는 시간으로 만들어 갈 것인지는 튜터와 튜티의 노력에 달렸습니다. 튜터와 튜티는 바람직한 관계 형성을 위해 서로 간에 솔직함(honest), 확고함(firm), 진지함(sincere), 융통성(flexible), 이해심(understanding), 인내심(patient)을 고려하기 바랍니다.

3. 학습 계획

평균 튜터링 1회당 소요 시간이 60분이라고 할 때, 튜터링 첫 시간에 튜터는 튜티와 함께 앞으로의 튜터링 계획에 대해 최종 합의를 해야 합니다.

튜터가 준비해 온 튜터링 학습 계획서를 튜티에게 나누어 주고 튜터와 튜티의 주간 스케줄과 튜터링 학습 목표에 대해 상의해야 합니다. 이때 주의해야 할 것은 튜터링 학습 주제가 튜터에게는 매우 익숙하고 쉽게 생각될 수 있지만, 튜티에게는 그렇지 않을 수 있다는 점입니다.

학습 내용의 결정은 튜티가 원하는 정도에 따라 달라지게 됩니다. 튜티가 심화 학습을 원하는 경우에는 수업 시간에 사용하는 교과 교재보다는 더 상위 과정의 교재를 선택할 수도 있습니다. 어학 과목의 경우에도 튜티가 가진 능력을 확인한 후 학습 자료를 결정하는 것이 좋습니다.

4. 튜터링 장소 정하기

한 학기 동안 고정적으로 사용할 수 있는 튜터링 장소가 확보된 경우를 제외하고는, 매회 튜터링 장소에 대한 사전 답사와 필요한 튜터링 기자재 사용 등에 대한 계획과 점검이 필요합니다.

각 단과대의 빈 강의실을 대여할 경우 단과대학 사무실에 비치된 강의실 사용허가서를 작성하여 강의실 사용 목적과 시간에 대해 양해를 구해야 합니다.

교내 튜터링 장소로는 단과대 학생자치실, 세미나룸, 중앙도서관 세미나실 등을 가장 많이 사용하며 교외 장소로는 학교 근처의 카페 등을 이용하는 경우도 있습니다. 튜터링 장소를 정할 때에는 장소의 물리적 환경 요소와 심리적 환경 요소를 함께 고려해야 합니다.

5. 튜터링 규칙 정하기

간혹 튜터링 초기에 가졌던 튜터링 참여에 대한 열정과 기대 수준이 튜터링 회기가 진행되면서 변하는 경우가 있습니다.

상습적인 지각과 결석 행동을 하는 튜터와 튜티의 출현을 예방하기 위해 튜터와 튜티는 튜터링 규칙을 정하는 것이 좋습니다. 무단결석 3회 이상의 경우 튜터링 참가를 제재한다거나 결석과 지각 각 1회당 벌칙을 정해 놓는 것은 튜터링 구성원들의 참여율을 유지시키는 데 도움이 됩니다. 벌금은 튜터링 구성원들의 다과비 혹은 회식비로 사용하면 됩니다.

이때 잊지 말아야 할 것은 반드시 튜터와 튜티 상호 간의 의견을 충분히 반영해서 규칙을 정해야 한다는 것입니다.

6. 온라인 커뮤니티 만들기

튜터링과 관련된 정보를 공유하기 위해서는 튜터링 팀만의 온라인 커뮤니티를 만들어 운영하는 것이 좋습니다. 온라인 커뮤니티의 운영자는 팀의 튜터가 관리하거나 튜티들 중에 교대로 운영하면 됩니다.

커뮤니티에 주로 공유되는 자료는 팀에 따라 다양하지만 주로 문제 해결을 위한 동영상, 사진 등의 시청각 자료와 관련 사이트, 퀴즈 문제, 시사 문제 등의 전공 과목별 다양한 정보들이 포함됩니다.

이 밖에 튜터링 활동 사진, 취업, 유학, 국가시험 등의 정보를 주고받는 공간으로도 커뮤니티를 활용할 수 있습니다.

4

튜터링 진행

4 튜터링 진행

1. 튜티 파악하기

튜터링에 참여한 튜티들은 다양합니다. 튜터링에 대한 기대, 튜터링 과목에 대한 선수 학습 경험, 성격, 전공 등 나열하기 어려울 만큼 너무나 다양합니다. 튜터가 튜티들에 대해 잘 알고 있어야 튜터링을 성공적으로 이끌 수 있습니다.

튜터링에 참여하는 학생들의 유형을 크게 네 가지로 나눌 수 있습니다.

– 노력형: 이러한 학생들의 특징은 배우고자 하는 강한 욕구를 가지고 있습니다. 따라서 자신들의 요구에

대해 정확하게 표현하고 함께 공부하는 것에 대해 즐겁게 생각합니다.

- 의심형: 여기에 속하는 학생들의 경우 '튜터링을 통해 과연 도움을 받을 수 있을까' 혹은 '이런 모임에 내가 참여해도 되나' 하는 의심을 가지고 있습니다. 이러한 학생들을 위해 튜터는 튜터링의 목적과 학습 내용을 정확히 튜티에게 설명해야 합니다. 이때 설명은 튜티가 도움받고자 하는 내용을 중심으로 구체적으로 이루어져야 합니다.
- 불안형: 이 유형의 학생들에게 중요한 것은 따뜻하고 친절하게 격려해 주는 것입니다. 튜터링을 통해 자신이 해야 할 일들을 잘 할 수 있다는 자신감을 가질 수 있도록 도와주어야 합니다.
- 분노형: 여기에 해당되는 학생들은 함께 공부하는 활동에서 종종 공격적인 행동을 합니다. 튜터링 밖에서 있었던 불쾌했던 일들로 튜터링에 참여한 팀원들에게 화를 내는 경우도 있습니다. 이때 주의해야 할 것은 분노형의 학생이 정말 튜터링 팀원들에게 화가 난 것이 아니라는 것입니다. 그러나 이러한 공격적인 행동은 팀워크에 영향을 미치게 되므로 간과해서는 안 됩니다.

2. IDC 사이클

60분 기준의 튜터링 진행은 보통 다음과 같이 이루어집니다.

- 시작(Introduction – 10분): 튜티가 가지고 있는 선수 지식(prior knowledge)을 확인하십시오. 그리고 공부할 구체적인 내용을 정하십시오.
  - – 긴장 풀기
  - – 친해지기
  - – 흥미 끌기
  - – 공부할 내용 짧게 정리하기
  - – 튜티 요구 파악하기: 튜티들에게 질문하기, 튜티들의 과제나 수업 중 피드백받은 것 혹은 궁금증 등에 대해 토론하기

- 진행(Development – 40분): 질문하기, 연습하기, 설명하기, 복습하기 등
  - – 중요한 내용 초점 두기
  - – 기본 개념 혹은 기술 가르치기
  - – 튜티들이 관련지을 수 있는 구체적인 예시 제시하기
  - – 교과목의 목적 상기하기
  - – 튜티가 자료를 이해하고 기억할 수 있도록 도와주기

- 숙제 명확히 하기
- 몇몇 문제에만 집착하지 않기
- 중요한 문제를 정의하고 기본 개념 또는 기술 알려 주기
- 튜터와 튜티가 함께 연습 문제를 풀거나 튜티 스스로 문제를 풀 수 있도록 하기
- 학습한 내용 가시화하고 확인하기
- 이해한 내용 체크하기

• 마무리(Closure – 10분): 1회차 튜터링을 마무리하는 정리의 시간을 가집니다.
  - 다음 튜터링 시간에 튜티들이 학습할 학습 목표와 내용 정하기
  - 튜터링 시간을 통해 알게 된 학습 전략 혹은 학습 기술 복습하기

3. 들어주기

'사람이 귀가 두 개이고 입이 하나인 이유는 말하기 보다는 듣기를 두 배 더 해야 하기 때문이다.'라는 말이 있듯이 말을 잘하는 것 못지않게 잘 듣는 기술도 매우 중요합니다.

튜터링 내내 일방적으로 자신의 이야기만 하는 튜터보다는 튜티의 입장에서 고민하고, 튜티가 어려워할 수 있는 내용을 들어주는 튜터를 튜티들은 더 좋아합니다.

튜터링을 신청한 대부분의 튜티들은 해결해야 할 문제에 대해 비슷한 또래의 튜터에게 편하게 이야기하고 그 해결 방법을 찾고자 하는 생각들이 있습니다.

이러한 튜티들의 요구를 적극적으로 들어주기 위해 다음과 같은 방법을 사용해 보세요.

- 튜티들이 전하는 단어 뒤에 숨겨져 있는 감정을 이해하세요(목소리 톤, 몸동작 등).
- 튜티가 말한 내용을 제대로 이해했는지 다시 한 번 체크하세요. 이때 자신이 이해한 내용을 다시 정리하여 튜티에게 전하는 것이 좋습니다.
- 튜티가 이야기하는 것을 중간에 중단시키거나 막거나 해서는 안 됩니다.
- 튜티가 이야기한 내용보다 몇 단계 도약하는 설명을 해서는 안 됩니다.
- 튜티가 이야기할 때는 눈을 마주쳐 주십시오.
- 튜티의 말을 잘 듣고 있다는 표시로 밝은 표정과 머리 끄덕임도 해 주십시오.

– 신경질적으로 반응하거나 지루하다는 몸짓, 표정은 하지 마십시오.
– '맞아요' '그래요' '그렇군요' 등의 단어를 사용하십시오.
– 튜티의 질문을 명확하게 재정리하여 튜티에게 물어봄으로써 대화에 집중하고 있다는 것을 알도록 합니다.

열정이 지나친 튜터의 높은 기대로 인해 일방적인 지시와 설명, 문제풀이 강요 등은 오히려 튜티로 하여금 부담감을 가지게 하여 튜터링이 또 다른 스트레스의 근원이 되는 경우가 있습니다. 튜터링에서 튜터의 역할은 튜티가 스스로 공부할 수 있도록 그들의 문제를 듣고 해결 방법을 조언해 주는 가이드 역할을 하는 것입니다. 학업이외에도 진로 혹은 교우 관계 등에 관한 부분도 관심을 기울이게 되면 튜티가 튜터를 더 편하게 느낄 수 있게 됩니다.

4. 설명하기

튜터가 해당 과목에 대해 설명을 할 때 주의해야 할 점은 다음과 같습니다.

– 튜티가 문제를 해결하는 데 어려워하고 있는 부분을 알아내는 것입니다.

- 그 다음 튜티가 가지고 있는 어려움을 작은 단위로 나눕니다.
- 현재 튜티가 알고 있는 지식을 기초로 단순한 수준에서 복잡한 수준으로 단계를 점차 발전시켜 나갑니다.
- 문제 해결을 위한 자료를 명료화하고 조직화하여 유용하게 사용할 수 있도록 돕습니다.
- 튜터가 튜티에게 '일방적'으로 설명하기보다는 문제 해결을 위해 '함께' 노력하고 있음을 튜티가 알도록 해야 합니다.
- 되도록 예를 들어 설명하여 튜티가 예를 적용할 수 있도록 합니다.
- 튜티에게 효과적으로 전체적인 윤곽을 잡고, 요약하고, 핵심을 잡을 수 있도록 기회를 줍니다.

보통 튜터링에 참가하는 튜티들은 현재 튜터링 과목을 수강하고 있고, 그 내용을 완전히 수용할 만한 시간적 여유를 가지지 못하고 있기 때문에 튜터는 자신이 처음 튜터링 과목을 수강했을 때의 느낌으로 튜티가 질문하는 핵심을 파악하여 알려 줄 수 있어야 합니다. 튜티가 가질 만한 예상 질문 목록을 작성하고, 그 질문에 답을 미리 해보는 것도 좋은 연습이 될 것입니다. 여유가 된다면 튜티가 수강하고 있는 과목을 함께 청강하여 왜 튜티가 이러한 질문을 하는지 맥락을 이해해 보는 것도 좋은 방법입니다.

5. 질문 유도하기

튜티가 튜터에게 질문을 하는 경우도 있지만 튜터가 튜티에게 질문을 유도하는 경우도 있습니다. 두 가지 경우 모두 주의해야 할 것은 인내심을 가져야 한다는 것입니다. 잘못된 대답으로 동료들에게 비난을 받을까봐 두려워 질문에 대해 대답을 회피하는 경우가 있습니다. 튜터와 튜티는 자신감을 가지고 질문을 시도할 수 있도록 하는 과정에서 시행착오를 경험할 수 있다는 것을 두려워해서는 안 됩니다.

질문의 전략에는 두 가지가 있습니다. 첫째, 낮은 수준의 질문전략에는 기억(remember)과 이해(understanding), 적용(application)이 있습니다. 기억과 이해는 새로운 지식을 배우기 시작할 때 필요합니다. 적용은 이해의 확장이라고 생각하면 됩니다.

둘째, 높은 수준의 질문전략에는 분석(analysis), 종합(synthesis), 평가(evaluation)가 있습니다. 분석은 전체의 개념을 부분으로 바라보는 것입니다. 비교, 대조, 원인, 효과에 대한 질문이 분석에서 사용되는 예입니다. 종합은 관련 정보를 이해한 후 가치를 판단하는 능력입니다.

튜터링에서 질문 유도를 위해서 아래와 같은 방법을 사용해 봅니다.

- 위의 질문전략을 사용해 보십시오.
- 단순히 '예' '아니요'의 대답을 이끄는 질문은 하지 마십시오.
- 튜터가 질문하고 튜터가 대답하지 마십시오.
- 한번에 너무 많은 내용을 질문하지 마십시오.
- 생각할 수 있는 질문을 하십시오.
- 대답이 잘못되었는지 잘되었는지에 대해 이야기해 주십시오.
- 정확한 대답을 했을 경우 칭찬을 아끼지 마십시오.
- 엉뚱하고 잘못된 대답에 대해 그냥 넘기지 마십시오.
- 정확한 질문 내용을 튜티가 요구할 때 다시 설명하십시오. 이때 처음 질문했을 시 사용한 표현을 그대로 사용하지 마십시오.
- 대답이 틀렸을 때 텍스트를 찾아 안내하고 더 쉬운 내용으로 다르게 질문하십시오.

여기서 중요한 것은 튜터의 질문은 튜티의 이해를 돕기 위한 핵심만 짚어 줄 수 있는 것이어야 한다는 것입니다. 튜터는 튜티의 학업을 평가하는 교수자의 입장이 아니라는 것을 명심해야 합니다. 만약 퀴즈라는 형식이 부담스

렵다면 함께 문제를 풀어 볼 수 있는 참고 자료나 연습 문제를 이용하는 것도 좋은 방법입니다.

6. 갈등 해결하기

튜터링을 진행하면서 튜티와 튜터, 튜티와 튜티 간에 갈등이 일어나는 경우가 종종 있습니다. 이러한 갈등의 원인은 역할에 대한 이해 부족과 역할 수행을 위한 노력 부족에서 옵니다.

튜터가 튜티에게 갖는 기대, 반대로 튜티가 튜터에게 갖는 기대, 튜티가 다른 튜티에게 갖는 기대 수준을 사전에 정해 놓는 것이 좋습니다.

예를 들면, 출석, 튜터링 시간 엄수, 사전 연락, 숙제 등에 대한 기준이 명확해야 합니다. 정해진 규칙을 어겼을 경우 벌칙에 대해서도 합의합니다. 일단 정해진 규칙에 대해서는 엄격하게 지키도록 노력해야 합니다. 간혹 공격적인 튜터와 튜티로 인해 팀워크가 깨지는 경우가 있습니다. 이때 원인 소재가 어디에 있는지 찾는 것이 먼저입니다. 그리고 해결이 가능한지에 대해 팀 안에서 논의가 있어야 합니다.

7. 커뮤니케이션

5장에서도 설명하겠지만 튜터링을 통해 학생들이 얻는 효과 중 가장 큰 비중을 차지하는 것은 커뮤니케이션 능력 개발입니다. 아무리 유용한 정보와 지식을 많이 가지고 있는 튜터라도 자신이 가지고 있는 정보를 튜티들과 나눌 수 있는 커뮤니케이션 기술이 서투르다면 유능한 튜터라고 할 수 없습니다. 튜터링 팀 안에서의 커뮤니케이션은 튜터와 튜티 간에 쌍방향으로 이루어져야 합니다.

커뮤니케이션의 유형에는 언어적 커뮤니케이션과 비언어적 커뮤니케이션 두 가지가 있습니다. 튜터링 상황에서 볼 수 있는 비언어적 커뮤니케이션 가운데 튜티의 비언어적 불안 행동에 도움을 줄 수 있는 튜터의 행동은 다음과 같습니다.

비언어적 불안 행동들에는 지루함, 좌절, 분노, 신경질적인 상태가 포함됩니다.

- 책상을 톡톡치기
- 숨 몰아쉬기
- 땀 흘리기
- 경직
- 안절부절못하는 행동

- 두리번거리기
- 찡그리기
- 손톱이나 연필 등을 물어뜯기

도움이 되는 비언어적 행동에는 아래와 같은 것들이 있습니다.

- 눈 마주치기
- 머리 끄덕여 주기
- 밝고 생기 넘치는 표정 짓기
- 신체적 거리 좁히기
- 미소 짓기
- 몸을 숙여 적극적으로 들어주기

8. 활동 일지 작성하기

활동 일지는 튜터링 활동을 기록하여 자신들이 한 활동을 인정받을 수 있는 공식 문서입니다. 튜터링을 실시하는 많은 국내 대학에서 튜터링 활동을 장려하기 위해 인센티브 제도를 실시하는 경우가 있습니다. 이때 튜터링 팀을 평가하는 수단 중 하나가 활동 일지입니다.

활동 일지는 일지 외의 다른 용도로 사용할 수 있습니다. 튜터링 시간마다 기록을 하기 때문에 정리를 성실히

하면 시험 대비 노트로 활용하는 것이 가능합니다. 뿐만 아니라 중간 시험을 전후하여 중간 점검을 하기 때문에 튜터링 운영자와 튜터, 튜티 간의 의사소통 통로로 활용할 수 있습니다. 마지막으로 튜터링 최종 평가 발표회 준비 시 활용할 수 있는 자료가 되기도 합니다. 〈부록〉의 활동 일지 양식을 참고하십시오.

5

튜터링 마무리

5 튜터링 마무리

1. 튜터링 평가 발표회

한 학기 동안의 튜터링 규정 시간을 마치게 되면 튜터와 튜티는 평가지 작성과 튜터링 평가 발표회를 통해 튜터링를 마무리합니다. 특히 각 튜터링 팀은 튜터링 평가 발표회를 통해 팀별로 공유한 정보와 활동 내용을 정리하게 됩니다. 이를 통해 공식적인 한 학기 튜터링 활동을 마무리하고 보다 나은 튜터링 활동을 모색하는 시간을 가지게 됩니다. 학생들이 발표한 튜터링 활동 경험과 비법은 튜터링 운영 기관에 남아 다음 학기 튜터링 운영에 귀중한 자료가 됩니다. 뿐만 아니라 인센티브 제도를 실시하는 대학에서는 튜터링 팀을 평가할 수 있는 자료로도 활용할 수 있습니다.

튜터링 평가 발표회는 튜터와 튜티가 한 학기 동안 활동한 내용을 PPT로 제작하여 5~10분 동안 발표와 질의응답의 시간을 갖습니다. 〈부록〉의 팀별 튜터링 평가 발표회 예시를 참고하십시오.

튜터링 평가 발표회에서 다루는 내용은 다음과 같은 것들이 있습니다.

- 튜터링의 목적
- 튜터링 과목의 성격
- 튜터와 튜티 정보
- 활동 시간과 장소 활용
- 활동 방법과 내용(활용한 자료 등)
- 튜터링의 성과, 소감
- 튜터링 기간 중 발생한 문제점과 그 해결책
- 운영 기관에 튜터링 운영 제안 내용 등

2. 튜터링 평가 피드백

튜터와 튜티에게 한 학기 동안 튜터링 활동이 효과적으로 운영되었는가에 대한 피드백을 제공해 주는 반성적 고찰의 시간을 갖는 일은 의미 있는 일입니다.

다음 준거를 통해 튜터링 활동의 반성적 고찰을 유도할 수 있습니다.

- **튜터링 활동의 참여도**
  - 모든 구성원들이 성실하게 참여하였는가

- **학습 내용**
  - 튜터링에서 학습한 내용이 무엇인가

- **학습의 방법**
  - 교과목의 내용을 깊이 있게 이해하기 위해 어떠한 노력을 하였는가
  - 튜터링을 하면서 서로 모르는 내용을 이해하기 위해 어떠한 노력을 하였는가

- **학습 만족도**
  - 튜터링 활동에 만족하였는가

- **학습 계획성**
  - 팀원들이 정한 학습 목표와 계획대로 튜터링을 진행하였는가

- 성실도
  - 튜터는 튜터링 진행을 위한 준비를 철저히 하였는가
  - 튜티는 튜터링 활동에 성실히 참여하였는가

- 의사소통
  - 구성원들 간의 의사소통 방법은 무엇이었는가
  - 의사소통 방법에 만족하는가

- 팀워크
  - 팀원의 추가 혹은 중도 하차 등 변동이 있었는가
  - 그 이유가 무엇인가

6

튜터링 효과

6 튜터링 효과

튜터링은 튜터와 튜티가 특정 교과목 관련 학습 정보를 공유하는 것 이외에 학생들 간의 학문적 유대감을 형성하고 학교생활 적응에 도움을 줍니다.

튜터링이 가지고 있는 교육적 효과를 살펴보면, 튜터로 참여하는 학생의 경우 튜터링을 통해 자신이 가지고 있는 학습 비법을 튜티와 공유하면서 감정 조절, 논리적인 설명, 적극적인 경청, 의견 교환하기 등을 실천하여 언어적, 비언어적 커뮤티케이션 능력을 향상시킬 수 있습니다. 또한 튜티가 가지고 있는 학습 문제를 해결해 나가면서 교과목에 대한 재학습 기회와 상위인지전략, 학문적 자아존중감을 증진할 수 있는 기회를 가지게 됩니다. 팀의 리더로서 튜티들과의 유대감을 유지하면서 튜티들의 다양한 요구를 해결해 줄 수 있는 능력을 개발할 수 있습니다. 튜터는 경우에 따라 교과목의 개념 설명과 문제 풀이를 통해 튜티의 학습 동기를 유발시키는 학습 촉진자의 역할을 수행할 수 있고, 전공 선택, 졸업 후 진로, 군대, 친구 문제 등으로 고민하고 있는 튜티들을 위해 상담자, 조언자의 역할도 수행할 수도 있습니다. 튜터링에 참여하는 튜터들은 이러한 다양한 역할들을 경험함으로써 타인을 이해하고 배려하는 방법을 배우게 됩니다.

튜티는 튜터에게 교과목과 관련된 학습 방법, 학습 자료, 정보 수집 방법 등을 학습하게 됩니다. 혼자서는 해결할 수 없었던 문제를 튜터의 도움으로 해결 방법을 찾고 스스로 해결해 나가는 과정을 통해 상위인지전략을 습득하게 됩니다. 튜티로 참여하는 학생들도 튜터와 마찬가지로 튜터링 활동을 통해 타인과 의견을 교환하는 방법을 학습하면서 커뮤니케이션의 능력을 향상할 수 있는 기회를 가질 수 있습니다. 또한 튜터링을 통해 만나게 되는 튜터와 다른 튜티들과 선배, 동료와의 관계를 형성하여 대학 생활을 성공적으로 적응할 수 있는 여러 가지 정보를 습득하게 됩니다.

튜터링을 통해 얻을 수 있는 이러한 교육적 이점은 학교 전체의 능동적인 학습문화 조성과 학습 공동체 형성에 도움을 주기도 합니다.

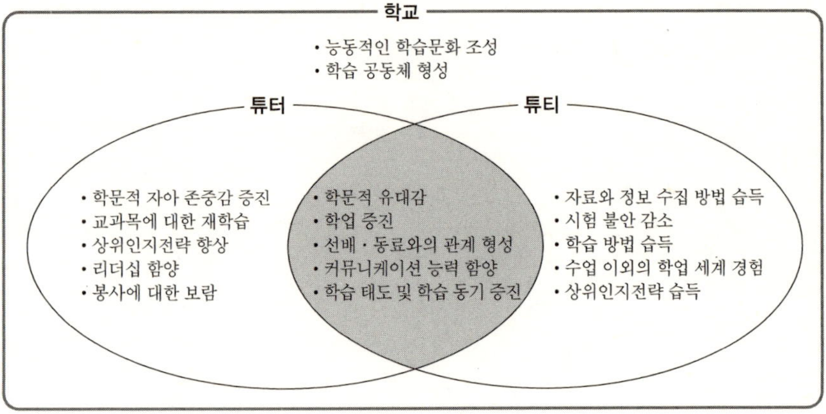
학교
• 능동적인 학습문화 조성
• 학습 공동체 형성
튜터
튜티
• 학문적 자아 존중감 증진
• 교과목에 대한 재학습
• 상위인지전략 향상
• 리더십 함양
• 봉사에 대한 보람
• 학문적 유대감
• 학업 증진
• 선배 · 동료와의 관계 형성
• 커뮤니케이션 능력 함양
• 학습 태도 및 학습 동기 증진
• 자료와 정보 수집 방법 습득
• 시험 불안 감소
• 학습 방법 습득
• 수업 이외의 학업 세계 경험
• 상위인지전략 습득

[그림 6-1] 튜터링 효과

7

국내외 대학 튜터링 현황

7 국내외 대학 튜터링 현황

1. 국내 대학

학교명		강원대학교	주관 기관	교수학습개발센터
프로그램명		백령튜터링	진행 방식	Appointment 방식
목적		• 재학생의 학습 능력 향상 • 선후배 간의 연계 강화		
프로그램 내용		• 그룹당 4~6명(자체적으로 구성하여 지원 시) • 재학생들의 학습 능력 향상과 선후배 간의 연계 강화를 위해 아래와 같이 교내 튜터링 그룹(선후배 간의 보충 학습 모임)을 모집하여 지원 • 2006년 1학기 시작		
개설 교과목		• 교내 개설된 모든 과목		
학교 지원 사항		• 튜터에 대한 장학금 지급 • 학습활동에 대한 정기 피드백 • 튜터링 웹페이지 운영 • 활동 장소 제공		
튜터	자격	• 강원대학교 3, 4학년 학부생/대학원생 • 신청 과목에서 A^0학점 이상을 받은 학생 • 주당 3시간 이상 후배를 위해 적극적인 학습 지도가 가능한 학생 • 복수 참여 금지(2개 이상 튜터링 과목 개설 금지)		
	제한 사항	• 참가 신청서, 학습 계획서, 성적 증명서 제출 • 가르치미 일기 작성 • 튜터링 활동 소감문 제출 • 백령튜터링 최종 보고회 참석 • 2회의 상담주간 참석		
	인센티브	• 활동을 위한 복사카드 지급 • 활동 지원금 지급 • 가르치미 장학금 지급		
튜티	자격	• 재학 중인 학부생은 누구나 가능 (신입생, 편입생, 복학생 권장)		
	제한 사항	• 백령튜터링 최종 보고회 참석 • 배우미 소감문 작성		
관련 홈페이지		http://ctl.kangwon.ac.kr/		

학교명		경주대학교	주관 기관	교육개발센터
프로그램명		Tutorial 프로그램	진행 방식	Appointment 방식
목적		• 학생들에게 학습 부진을 극복할 수 있는 수업 외 기회를 부여함으로써 학습자들의 학습 의욕을 고취하고, 학교의 자원을 효과적으로 사용하도록 도움		
프로그램 내용		• 한 학기 선발인원: 30명(2007년 1학기) • 튜터 1인당 3~7명의 튜티 지도 • 과목별로 성적이 우수한 학부 상급 학생이 학습이 미진한 학생들의 학습에 도움을 줄 수 있는 튜터가 되어 일 대 일 또는 일대 다수로 가르쳐 주는 학습 능률 향상의 기회를 제공해 주는 프로그램		
개설 교과목		• 교내 개설된 교과목		
학교 지원 사항		• 장학금 지급		
튜터	자격	• 희망 과목 성적 A학점 이상인 3학년 이상의 학부생으로 교수의 추천을 받은 자 • 전체 성적이 평균 평점 3.5 이상이거나 튜터 활동 희망 과목의 성적이 A학점 이상으로 3학년 이상인 자 • 튜터 활동 지원서, 튜터 활동 계획서, 지도교수 추천서, 성적 증명서 제출 • 위의 모든 조건을 만족할 것		
	제한 사항	• 한 학기 20시간 이상(주 2시간 이상) • 오리엔테이션 참석 • 주간 보고서 및 평가 보고서 제출 • 튜터링 활동 일지 및 튜터 활동 결과 보고서 제출		
	인센티브	• 장학금 지급(월 10만원)		
튜티	자격	• 학부 재학생		
	제한 사항	• 튜티 신청서 제출		
관련 홈페이지		http://www.gju.ac.kr/ctl/		

학교명		경희대학교	주관 기관	교수학습지원센터
프로그램명		Lion & Global Tutoring	진행 방식	Appointment 방식
목적		• 전공 기초 실력 배양 및 공부 방법 습득 • 가르침을 통한 반복 학습 및 전공의 체계적 이해 • 선후배, 동년배, 외국인 학생과의 학습 교우 관계 형성 • 학습을 중시하는 경희인상의 정립		
프로그램 내용		• 튜터 1명당 튜티 2~4명으로 구성(신청 전에 미리 팀을 구성해도 무방) • 라이언 튜터링: 경희대학교에서 개설된 모든 교과목을 대상으로 한 튜터링 프로그램 • 글로벌 튜터링: 외국인 및 재외국민 학생들에게 경희대학교 개설 교과목 학습을 돕거나 language exchange의 기회를 제공하는 튜터링 프로그램		
개설 교과목		• 경희대학교에 개설된 모든 교과목 • 글로벌 튜터링의 경우, language exchange도 가능		
학교 지원 사항		• 학기말 우수 튜터 시상 • 자원봉사 인증서 발급 • 튜터링 웹페이지 운영		
튜터	자격	• 해당 교과목 성적이 A학점 이상인 2, 3, 4학년 학부생 혹은 대학원생 • 글로벌 튜터링은 학점 관계없이 누구나 참가 가능		
	제한 사항	• 한 학기 16시간 이상 실시 • 학습 계획서, 출석부, 중간 보고서, 최종 보고서 작성 제출		
	인센티브	• 자원봉사인증서 발급 • 사회봉사학점 부여(32시간 이상 활동 시)		
튜티	자격	• 경희대학교 학생(휴학생 포함), 외국인, 재외국민		
	제한 사항	• 튜터링 이수증 발급 • 중간 보고서 작성 제출		
관련 홈페이지		http://khctl.khu.ac.kr/		

<table>
<tr><td colspan="2">학교명</td><td>고려대학교</td><td>주관 기관</td><td>교수학습개발원</td></tr>
<tr><td colspan="2">프로그램명</td><td>Korea University Peer Tutoring</td><td>진행 방식</td><td>Appointment 방식</td></tr>
<tr><td colspan="2">목적</td><td colspan="3">• 튜터: 전공 과목에 대한 심화 학습, 후배들과의 유대 형성, 장학금 수혜
• 튜티: 수업에 대한 보충 학습, 전공 공부에 대한 자신감 고양, 학습법 습득</td></tr>
<tr><td colspan="2">프로그램 내용</td><td colspan="3">• Korea University Peer Tutoring(KUPT): 튜터링 프로그램은 1학년 학생들의 전공 기초과목 학습을 지원하는 제도로서, 1학년 교과 과정에 개설된 전공 기초 과목을 1학년 학생들이 2, 3학년 선배로부터 소규모 그룹(5인 이하)으로 함께 공부할 수 있는 과외 학습 프로그램
• 영작 튜터링: 영어 강의에서 리포트를 쓸 때 어려움을 겪는 학우들에게 일대일 영작 튜터링을 제공하는 서비스
• 영작 튜터링은 2006년 2학기부터 시작</td></tr>
<tr><td colspan="2">개설 교과목</td><td colspan="3">• 전공 교수 선정 과목(전공별 1～2개 과목)</td></tr>
<tr><td colspan="2">학교 지원 사항</td><td colspan="3">• 우수 튜터링팀 시상
• 장학금 지급
• 튜터링 웹페이지 제공
• 튜터 교육을 통해 지식의 효과적 전달법과 소그룹 학습 활동에 대한 지식 전달</td></tr>
<tr><td rowspan="3">튜터</td><td>자격</td><td colspan="3">• KUPT: 해당 과목에서 A학점 이상을 받은 2, 3학년 재학생으로 지도 교수의 추천을 받은 학생, 해당 전공의 대학원생(타 전공 과목은 A학점 이상을 받은 경우에만 허용)
• 영작 튜터: 영작 샘플과 면접을 통해 선발하며, 방학 중 별도의 튜터 교육 실시</td></tr>
<tr><td>제한 사항</td><td colspan="3">• 1학기 16시간 이상 실시
• 영작 튜터는 방학 중 16시간의 튜터 교육 참석
• 오리엔테이션, 튜터 트레이닝 참석(필수)</td></tr>
<tr><td>인센티브</td><td colspan="3">• 성적 증명서에 봉사 시간 기재(영작 튜터링)</td></tr>
<tr><td rowspan="2">튜티</td><td>자격</td><td colspan="3">• 도움을 받고자 하는 1학년 학생</td></tr>
<tr><td>제한 사항</td><td colspan="3">• 오리엔테이션 참석</td></tr>
<tr><td colspan="2">관련 홈페이지</td><td colspan="3">http://ctl.korea.ac.kr/</td></tr>
</table>

<table>
<tr><th colspan="2">학교명</th><td>남서울대학교</td><th>주관 기관</th><td>교육개발센터</td></tr>
<tr><th colspan="2">프로그램명</th><td>튜터링 프로그램</td><th>진행 방식</th><td>Appointment 방식</td></tr>
<tr><th colspan="2">목적</th><td colspan="3">• 신입생 및 재학생들에게 기초 및 심화 학습 기회 제공
• 학내 선후배, 동년배 간의 유대감 강화
• 면학 분위기 조성을 통한 학습하는 대학문화 형성</td></tr>
<tr><th colspan="2">프로그램 내용</th><td colspan="3">• 튜터 1명당 4명 내외의 튜티 지도 가능
• 남서울대학교 학생들의 학습 능력 향상과 학습하는 대학 문화 형성을 위한 교육 프로그램의 일환으로 계획, 본교 대학 재학생을 대상으로 미리 그 과목을 학습한 튜터가 그 과목을 수강하기 원하는 튜티들에게 보충, 심화 학습을 하는 그룹 활동
• 기대 효과: 선행 학습을 통한 수업의 참여도 및 자신감 고취, 기초 및 심화 학습 과정을 통한 학습 능력 향상, 학내 선후배, 동년배 간의 유대 및 결속력 강화</td></tr>
<tr><th colspan="2">개설 교과목</th><td colspan="3">• 남서울대학교 내에 개설된 교과목 및 기초 과목</td></tr>
<tr><th colspan="2">학교 지원 사항</th><td colspan="3">• 소정의 활동비 지급
• 우수 활동 팀 시상(1위 40만원)
• 사회봉사 인정</td></tr>
<tr><th rowspan="3">튜터</th><th>자격</th><td colspan="3">• 본교 3학년 이상의 재학생
• 지도 과목 A학점 이상 또는 이에 상응하다고 인정되는 자</td></tr>
<tr><th>제한 사항</th><td colspan="3">• 한 학기 15주, 주당 2시간, 총 30시간 실시
• 성적 증명서(지원서) 및 학습 계획서 제출
• 중간 보고서, 최종 보고서 총 2회 제출
• 튜티의 평가지(2회 이상) 제출
• 오리엔테이션, 총평회 참석</td></tr>
<tr><th>인센티브</th><td colspan="3">• 사회봉사 30시간 인정
• 활동비 지급</td></tr>
<tr><th rowspan="2">튜티</th><th>자격</th><td colspan="3">• 재학생</td></tr>
<tr><th>제한 사항</th><td colspan="3">• 학습 결과 보고서, 튜터 평가지 작성</td></tr>
<tr><th colspan="2">관련 홈페이지</th><td colspan="3">http://ctl.nsu.ac.kr/program/tutoring/list.asp</td></tr>
</table>

학교명		동국대학교	주관 기관	교수학습개발센터
프로그램명		동국튜터링	진행 방식	Appointment 방식
목적		• 참가 학생들이 대학 공부에 흥미를 가지도록 돕고, 기초를 든든히 다져 학업 향상을 도모		
프로그램 내용		• 4~6명(튜터 1명 포함) • 전공(학과)별로 튜터와 튜티로 구성되어 자율적인 상호 학습활동을 하는 프로그램 • 지원한 튜터링 팀 중 교육개발센터 선정위원회에서 자격 조건을 심사 후 선정		
개설 교과목		• 해당 학기에 동국대학교에 개설된 모든 교과목 중에서 8회 16시간에 걸쳐 소기의 학습 목적을 달성할 수 있는 과목 및 분야 • 팀원의 협의로 수업 내용을 심화하거나 보충할 수 있는 내용을 학습 내용으로 선정		
학교 지원 사항		• 우수팀 선정 시상 • 학습활동 지원금 지급 • 자원 봉사 인증서 발급 • 튜터링 웹페이지 운영		
튜터	자격	• 본교 서울 캠퍼스 재학생(3, 4학년) 또는 대학원생 • 튜터링 해당 교과목 또는 유사 교과목을 수강하였으며 교과목 성적이 A학점인 자		
튜터	제한 사항	• 한 학기 총 8회 실시, 1회당 2시간 이상 • 팀별 한 학기 1과목으로 제한 • 튜터링 프로그램 계획서 제출 • 튜터링 오리엔테이션 및 관련 행사에 반드시 참석 • 매주 학습활동 보고서를 제출하고, 프로그램이 끝난 후 최종 보고서 제출(학습활동 사진 2매 이상 첨부)		
튜터	인센티브	• 봉사활동 인증서 발급(16시간) • 학습활동 지원금(3만원) 지급		
튜티	자격	• 재학생		
튜티	제한 사항	• 튜터링 오리엔테이션 및 관련 행사에 반드시 참석 • 매주 학습활동 보고서, 프로그램이 끝난 후 최종 보고서 제출		
관련 홈페이지		http://ctl.dongguk.edu/		

<table>
<tr><th colspan="2">학교명</th><td>동서대학교</td><th>주관 기관</th><td>교수학습개발센터</td></tr>
<tr><th colspan="2">프로그램명</th><td>동서튜터링</td><th>진행 방식</th><td>Appointment 방식</td></tr>
<tr><th colspan="2">목적</th><td colspan="3">• 대학 공부에 흥미를 가지고 학습 능력을 배양
• 선후배와 동기들 간의 유대를 강화하여 학습 공동체를 형성
• 진로 및 직업에 필요한 부가적 정보 교류가 학생들 간에 자발적으로 활성화</td></tr>
<tr><th colspan="2">프로그램 내용</th><td colspan="3">• 튜터 1인당 튜티 3~5명
• 본교의 교과목을 기수강했거나 현재 수강하고 있는 튜터가 튜티들을 모아서 가르쳐 주면서, 궁극적으로는 함께 학습하여 학습 효과를 극대화하고자 하는 프로그램
• 피어 튜터링: 동서대 교과목을 기수강했거나 현재 수강하고 있는 우수한 학생이 다른 학생들을 가르쳐 주면서, 궁극적으로는 함께 학습하여 학습 효과를 극대화하는 프로그램
• 글로벌 튜터링: 동서대 캠퍼스에서 영어, 일본어, 중국어를 공부하는 외국인 학생과 동서대 재학생들이 함께 공부하는 프로그램(기본회화 가능자에 한함)
• 2004년 1학기 시작</td></tr>
<tr><th colspan="2">개설 교과목</th><td colspan="3">• 동서대 교과목[토익, 정보처리일반(한글, 엑셀 & 파워포인트, 포토샵)] (피어 튜터링)
• 영어, 일본어, 중국어(글로벌 튜터링)</td></tr>
<tr><th colspan="2">학교 지원 사항</th><td colspan="3">• 자원 봉사 인증서 발급
• 장학금 신청 시 동점자 우선 처리 기준
• 우수 팀 시상
• 웹커뮤니티 제공
• 교수학습개발센터 학습지원팀에서 장소 제공 또는 지정</td></tr>
<tr><th rowspan="3">튜터</th><th>자격</th><td colspan="3">• 해당 과목 A학점 이상 전체 평점 3.0 이상인 학부/대학원생
• 담당 지도 교수의 추천</td></tr>
<tr><th>제한 사항</th><td colspan="3">• 1회 1시간 이상 총 15회
• 활동 후 보고서 제출
• 학기당 2회 이상 담당 교수와 면담(피어 튜터링)
• 1회 이상 문화 체험(글로벌 튜터링)
• 오리엔테이션, 튜터링 세미나, 튜터링 보고회 참석
• 튜터와 튜티 구성은 한 학기당 1과목으로 제한</td></tr>
<tr><th>인센티브</th><td colspan="3">• 동서튜터링 자원 봉사 인증서 발급
• 장학금 신청 시 동점자 처리 건수의 경우 우대 항목으로 적용</td></tr>
<tr><th rowspan="2">튜티</th><th>자격</th><td colspan="3">• 학부 재학생 중 튜터링을 희망하고, 적극 참여하려는 학생
• 글로벌 튜터링의 경우 외국어 회화 능력이 중급 이상, 적극 참여하려는 학생(인터뷰 실시)</td></tr>
<tr><th>제한 사항</th><td colspan="3">• 활동 종료 시 튜터링 보고서 제출
• 오리엔테이션, 튜터링 보고회 참석</td></tr>
<tr><th colspan="2">관련 홈페이지</th><td colspan="3">http://www.dctl.ac.kr/study/tutoring/tutoring.html</td></tr>
</table>

학교명		삼육대학교	주관 기관	교수학습개발팀
프로그램명		튜터링 프로그램	진행 방식	Appointment 방식
목적		• 대학 공부에 흥미 유발 • 기초를 든든히 다져 학업 향상 도모		
프로그램 내용		• 튜터 1명당 최대 튜티 5명까지 지도 가능 • 특정 과목을 잘하는 학생이 함께 공부하고 싶은 다른 학생들에게 공부에 도움을 주고자 함께 소그룹을 만들어, 공부의 향상을 도와주는 시스템. 즉, 학습을 지원해 주는 프로그램 • 튜터가 개설된 과목에 대해서 튜티가 신청		
개설 교과목		• 전공 과목, 외국어 과목, 컴퓨터 과목(컴퓨터 과목의 경우 팀 제한 가능)		
학교 지원 사항		• 튜터 장학금 지급 • 보고서 제출용 웹하드 이용		
튜터	자격	• 학부 3학년 이상 해당 과목 성적 우수자 · 지도 교수 추천자 • 대학원생		
	제한 사항	• 튜터링 계획서, 튜터링 출석표, 튜터링 운영 일지 작성		
	인센티브	• 장학금 지급(학기당 40만원)		
튜티	자격	• 학부 1, 2학년 및 편입생, 참여 희망자		
	제한 사항	• 참가비 1만원 납부		
관련 홈페이지		http://ctl.syu.ac.kr/		

<table>
<tr><th colspan="2">학교명</th><td>상명대학교</td><th>주관 기관</th><td>상명교육개발센터</td></tr>
<tr><th colspan="2">프로그램명</th><td>상명튜터링</td><th>진행 방식</th><td>Appointment 방식,
Drop-in 방식</td></tr>
<tr><th colspan="2">목적</th><td colspan="3">• 대학 공부에 흥미를 가지고 학습 능력을 배양
• 선후배 및 동년배 간에 유대 관계 약화를 극복하는 학문적 유대감 및 동질감 고양
• 학습 공동체 이식 및 일체감 함양
• 전공 기초 실력 확립을 통한 상위 전공 학습 능력 배양
• 진로 및 직업에 필요한 부가적 정보 교류가 학생들 간에 자발적으로 활성화</td></tr>
<tr><th colspan="2">프로그램 내용</th><td colspan="3">• 튜터 1명당 튜티 10명까지 지도가능
• 특정 과목을 열심히 공부했던 튜터가 그 과목을 어려워하는 튜티들의 학습을 지도(Appointment 방식)
• 외국어 마을 원어민 튜터링(Drop-in 방식): 외국어 마을에서 글쓰기, 회화 등을 외국인에게 지도받을 수 있는 튜터링
- 제한 튜터링: 일시와 구성원이 고정 총 96시간
- 자율 튜터링: 구성원은 정해져 있지 않으나 사전 약속을 해야 함. 쓰기의 경우 총 10시간 지도
• 2005년 1학기 시작</td></tr>
<tr><th colspan="2">개설 교과목</th><td colspan="3">• 교내 개설된 모든 교과목</td></tr>
<tr><th colspan="2">학교 지원 사항</th><td colspan="3">• 튜터 장학금 지급
• 학기 중 우수 팀 선정(상금 10만원)
• 학기 말 최우수 팀 혹은 최우수 튜터 선정 시상(상금 10만원)
• 튜터링 웹페이지 제공</td></tr>
<tr><th rowspan="3">튜터</th><th>자격</th><td colspan="3">• 튜터링 관련 과목이 A학점 이상이며 전체 평점이 3.5 이상인 3학년, 4학년 1학기 학부생
• 모든 대학원생</td></tr>
<tr><th>제한 사항</th><td colspan="3">• 1학기 16주 30시간
• 오리엔테이션, 발표
• 튜터 지원서, 학습 계획서, 성적 증명서 제출</td></tr>
<tr><th>인센티브</th><td colspan="3">• 장학금 지급(40만원)
• 튜터 인증서 발급</td></tr>
<tr><th rowspan="2">튜티</th><th>자격</th><td colspan="3">• 튜터 개설 과목에 관심이 있거나, 보강 학습을 필요로 하는 전 상명인</td></tr>
<tr><th>제한 사항</th><td colspan="3">• 성실한 튜터링 활동(학기당 3회 결석하면 자동 탈락)</td></tr>
<tr><th colspan="2">관련 홈페이지</th><td colspan="3">http://ctl.smu.ac.kr/?doc=club/index.php</td></tr>
</table>

<table>
<tr><th colspan="2">학교명</th><td>순천향대학교</td><th>주관 기관</th><td>교수학습개발센터</td></tr>
<tr><th colspan="2">프로그램명</th><td>순천향 튜터링</td><th>진행 방식</th><td>Appointment 방식</td></tr>
<tr><th colspan="2">목적</th><td colspan="3">• 선후배, 동년배 간에 학문적 유대감 및 동질감을 형성
• 학습 공동체 의식 및 일체감을 함양
• 전공 기초 실력을 쌓음으로써 상위 전공 학습 능력을 배양</td></tr>
<tr><th colspan="2">프로그램 내용</th><td colspan="3">• 튜터 1명당 튜티 1~5명 지도
• 전공(학과)별로 튜터와 튜티로 구성되어 자율적인 상호 학습활동을 하는 프로그램으로, 특히 전공 과목에 정통한 선배가 과목 이수에 어려움을 겪고 있는 후배를 일대 다수로 가르쳐 주는 제도
• 2005년 2학기 공대 시범 운영 후, 2006년 1학기부터 확대 운영</td></tr>
<tr><th colspan="2">개설 교과목</th><td colspan="3">• 교내 개설된 모든 교과목
• 토익, 토플, 각종 자격증 시험, 고시 준비반</td></tr>
<tr><th colspan="2">학교 지원 사항</th><td colspan="3">• 자원 봉사 인증서 발급
• 활동 지원금 지급
• 우수 팀 선정 시상
• 추후 사회봉사 관련 학점 및 장학금 등 인센티브 부여 검토</td></tr>
<tr><th rowspan="3">튜터</th><th>자격</th><td colspan="3">• 학부생: 해당 과목 성적이 A이며, 학과(학부)장 혹은 해당 과목 지도 교수의 추천을 받은 자
• 대학원생: 해당 과목 전공 대학원생, 지도 교수 추천을 받은 자</td></tr>
<tr><th>제한 사항</th><td colspan="3">• 학기당 25시간(주 2시간 이상)
• 중간 보고서, 최종 활동 보고서 제출
• 팀별 한 학기 한 과목으로 제한
• 튜터링 관련 행사 참석
• 팀별 한 학기당 1과목으로 제한</td></tr>
<tr><th>인센티브</th><td colspan="3">• 튜터로 활동한 학생에게는 학습활동비 또는 사회봉사 1학점 선택(학부생만 해당)
• 팀별로 소정의 학습경비 지급 및 우수 팀 시상</td></tr>
<tr><th rowspan="2">튜티</th><th>자격</th><td colspan="3">• 순천향대학교 학부 재학생이면 누구나 지원 가능</td></tr>
<tr><th>제한 사항</th><td colspan="3">• 출결 일지, 소감문 제출
• 튜터링 관련 행사 참석</td></tr>
<tr><th colspan="2">관련 홈페이지</th><td colspan="3">http://hompy.sch.ac.kr/ctl/index.jsp?menuID=20051226135615536935</td></tr>
</table>

학교명	연세대학교	주관 기관	교육개발지원센터
프로그램명	튜터링	진행 방식	Appointment방식, Drop-in방식
목적	• 전공 기초 실력과 상위 전공 학습 능력 배양 • 선후배, 동년배 간의 학문적 유대감 고양 • 학습 공동체 의식과 일체감 함양 • 대학 생활 적응과 학업 능력 향상		
프로그램 내용	• 튜터 1명당 튜티 2~4명 연결 • 독수리 튜터링: 특정 과목을 열심히 공부했던 튜터와 그 내용을 함께 공부하고 싶은 튜티가 연결되어 함께 공부하는 또래 튜터링(Appointment 방식) • 학과 단위 튜터링: 참가 대상을 학과 단위로 한정, 동일 전공생들 사이의 학문적 유대와 학습 공동체 의식 형성 및 학습 능력 향상을 도모(Drop-in 방식, Appointment 방식) • 글로벌 튜터링: 대학 공부에 어려움을 느끼는 연세대학교 재학 외국인과 재외국민 학생을 대상으로 한 튜터링(Appointment 방식) • 하나 튜터링: 연세대학교에 재학 중인 새터민을 대상으로 한 튜터링(Appointment 방식) • 2003년 1학기부터 시작 • TCC(Tutor Created Tutoring) 튜터링: 튜터가 동영상으로 제작한 튜터링 내용을 중심으로 온라인에서 이루어지는 튜터링. 2007-2학기부터 시작		
개설 교과목	• 연세대학교 내에 개설된 모든 학문 분야의 교과목		
학교 지원 사항	• 학습 공간 제공 • 심사 후 우수 튜터 및 우수 튜터링 팀 선정, 시상(문화상품권) • 튜터 교육을 통해 튜터 능력 개발 기회 제공		
튜터 자격	• 해당 과목 성적 A^{-}학점 이상인 자 • 대상 과목 전공 대학원생(전공이 아닌 경우, 해당 과목 성적 A학점 이상)		
튜터 제한 사항	• 오리엔테이션 참석(필수) / 튜터 교육 참석(선택) • 튜터링 30시간 이상 활동(필수) • 튜터링 일지 작성 및 제출(필수) • 튜터링 프리젠테이션 참가(필수)		
튜터 인센티브	• 사회봉사학점 1학점(신청 시) • 자원 봉사 인증서 발급		
튜티 자격	• 도움을 받고자 하는 연세대학교 학생		
튜티 제한 사항	• 튜터링 일지 작성 및 제출(필수) • 오리엔테이션 참석(필수) • 튜터링 프레젠테이션 참가(필수)		
관련 홈페이지	http://ceds.yonsei.ac.kr/		

학교명		전남대학교	주관 기관	교육발전연구원
프로그램명		한울학습	진행 방식	Appointment 방식
목적		• 문제 해결 능력(비판사고 능력) • 의사소통 능력 • 팀워크 능력 • 공동체 의식 배양		
프로그램 내용		• 튜터 1명당 튜티 5명까지 지도 가능 • 특정 교과목에 대해 지식과 경험을 갖춘 튜터와 해당 교과 학습에 도움을 받고자 하는 튜티로 이루어진 학습 공동체 • 한울학습(T1): 동일 과목을 수강하는 학부생 5명과 전공 대학원생 1명으로 구성된 튜터링 • 새내기 한울학습(T2): 동일 과목을 수강하는 신입생 5명과 과목 수강했던 학부생 선배 1명으로 구성된 튜터링 • 2005년 2학기 시작		
개설 교과목		• 교내 개설된 모든 교과목		
학교 지원 사항		• 그룹 지원금(10만원), 이끄미 지원금 지급 • 우수 이끄미 선정 시상(상금 10만원) • 7회 이상 모임에 참석한 학생에게 인증서 발급 및 학생활동기록부에 기재 • 보고서 제출용 튜터링 웹페이지 운영		
튜터	자격	• 한울학습: 해당 과목을 수강한 대학원생 • 새내기 한울학습: 해당 과목 성적 A학점 이상인 3, 4학년 학부생		
	제한 사항	• 10주 동안 주 1회 2시간 이상 교과목 공부 • 학기당 2회 이상 담당 교수 면담 • 매주 학습 보고서 제출 • 성적 증명서 제출(새내기 튜터링) • 오리엔테이션 참석(필수) • 1인 1그룹 참여 원칙		
	인센티브	• 학기당 이끄미 지원금 지급(대학원 30만원, 학부생 20만원) • 인증서 발급		
튜티	자격	• 학부 재학생 중 튜터링 교과목 수강자 (새내기 한울학습의 경우 신입생만 참가 가능)		
	제한 사항	• 오리엔테이션 참석(필수)		
관련 홈페이지		http://ctl.chonnam.ac.kr/		

학교명		한국외국어대학교	주관 기관	교수학습개발센터
프로그램명		튜터링 프로그램	진행 방식	Appointment 방식
목적		• 전공별 교과 내용에 관해 튜터가 튜티를 지도하는 프로그램으로 학생들의 학업 능력 향상과 선배의 지도를 통한 전공 지식 이해도를 높임		
프로그램 내용		• 튜터 1명당 2~4명의 튜티 지도 가능 • 학생들의 학습 증진 및 선후배 간의 연결 고리로서의 역할 • 장학금 지원 없이 순수 자원 봉사로 참여한 튜터들의 자발적이고 적극적인 활동으로 튜터-튜티 모두 학습 능력의 향상을 도모 • 학습을 매개로 한 선후배 간 인간관계 형성 • 재외국민을 위한 한국어 튜터링 프로그램 실시 • 2004년 2학기부터 시작		
개설 교과목		• 한국외국어대학교 내에 개설된 모든 학문 분야의 교과목		
학교 지원 사항		• 자원봉사인증서 발급 • 우수 튜터링 팀 선정 시상 • 튜터링 이수증 발급(튜티) • 튜터링 카페 개설 운영 • 튜터링 가이드북 제공		
튜터	자격	• 해당 과목 성적 A학점 이상 2, 3, 4학년 학부생 및 관련 전공 대학원생		
	제한 사항	• 한 학기당 10회 이상(주 1시간/1회 원칙) • 오리엔테이션 • 튜터링 결과 보고서 작성 제출(튜터링 종료 후)		
	인센티브	• 자원 봉사 인증서 발급		
튜티	자격	• 한국외국어대학교 학생		
	제한 사항	• 매 튜터링 마다 주간 튜터링 리포트 작성, 카페에 게시 • 튜티는 여러 과목에 동시 지원 가능		
관련 홈페이지		http://www.hufs.ac.kr/studycenter/learning01.jsp		

<table>
<tr><th colspan="2">학교명</th><td>한림대학교</td><th>주관 기관</th><td>교육개발센터</td></tr>
<tr><th colspan="2">프로그램명</th><td>한림멘토링</td><th>진행 방식</th><td>Appointment 방식</td></tr>
<tr><th colspan="2">목적</th><td colspan="3">• 전공 교과 학습에 요구되는 기초 학습 능력의 향상
• 학습 공동체 활동을 통한 사회적 기술 습득과 바람직한 인성 형성
• 진로 탐색 및 설계와 개인별 진로 로드맵 구축 지원으로 비전을 가지고 미래 사회를 대비하는 준비된 한림인 양성
• 학습을 중시하는 한림인상의 정립
• 학습 커뮤니티의 구축을 통한 학습 문화의 창출
• 학습 문화의 확산을 통한 협력적 학습 공동체(Community of Practice) 형성
• 선후배 간 학습활동 중심의 유대감 증진</td></tr>
<tr><th colspan="2">프로그램 내용</th><td colspan="3">• 멘토 1명당 멘티 5~6명 지도
• 기초 학습 능력 향상을 위한 학습 지도와 더불어 학습법, 생활 지도, 진로 및 취업 지도 영역에 이르기까지 멘티들이 대학생활 전반에 대해 효과적으로 설계하고 주도적으로 실천해 나가도록 지원하는 학습 공동체 형성 프로그램
• 학과 교수, 선배, 후배가 공동체의 일원으로 참여하여 서로의 학습과 생활을 안내하고 지원하는 역동적 참여 구조를 통해 이루어지며, 멘토링에서 멘토의 역할은 과외 교사인 튜터에서 대학생활의 상담자, 조언자, 동료 학습자이자 학습 안내자로 확장</td></tr>
<tr><th colspan="2">개설 교과목</th><td colspan="3">• 전공 기초 과목(전공 교과 과정표의 I수준 과목)
• 외국어 및 자격증 취득 관련 교과목</td></tr>
<tr><th colspan="2">학교 지원 사항</th><td colspan="3">• 멘토링 평가 후 우수팀 멘티에게 도서상품권 지급
• 멘토링 웹페이지 운영
• 멘토 장학금 지급</td></tr>
<tr><th rowspan="3">튜터</th><th>자격</th><td colspan="3">• 3학년 이상 성적 우수 학부생으로 교수의 추천을 받은 자
• 대학원생 중 희망자
• 이전 멘토링 프로그램에서 우수한 평가를 받은 자
• 희망 과목의 멘토 자격에 해당되는 자격증 소지자</td></tr>
<tr><th>제한 사항</th><td colspan="3">• 주당 5시간(기초 전공 수업 4시간+인재멘토링(취업, 진로 교육) 1시간)
• 멘토 교육 참석(필수)
• 학습 계획서, 팀 시간표 작성
• 타 멘토링/튜터링에 참여하는 학생은 지원 불가</td></tr>
<tr><th>인센티브</th><td colspan="3">• 장학금 지급</td></tr>
<tr><th rowspan="2">튜티</th><th>자격</th><td colspan="3">• 멘토링 참가를 원하는 학부생
• 학습 공동체를 통해 각 전공별 기초 교양 과목 학습을 희망하는 신입생을 우선으로 선정
• 전공 기초 지식이 부족한 3학년 편입생
• 기초 학력의 보충을 희망하는 2학년 재학생</td></tr>
<tr><th>제한 사항</th><td colspan="3">• 멘티 교육 참석(필수)
• 주당 5시간(기초 전공 수업 4시간+인재멘토링 1시간)
• 평가 문항지 작성</td></tr>
<tr><th colspan="2">관련 홈페이지</th><td colspan="3">http://mentor.hallym.ac.kr/</td></tr>
</table>

2. 외국 대학

<table>
<tr><td colspan="2">학교명</td><td>Harvard University</td><td>주관 기관</td><td>The Bureau of Study Counsel</td></tr>
<tr><td colspan="2">프로그램명</td><td>Peer Tutoring</td><td>진행 방식</td><td>Appointment 방식</td></tr>
<tr><td colspan="2">목적</td><td colspan="3">• 학생들의 교과 학습에 도움</td></tr>
<tr><td colspan="2">프로그램 내용</td><td colspan="3">• On-call peer tutor: 가장 많은 튜터(연간 300명 이상)가 참가하는 튜터링으로 해당 과목의 좋은 성적 외에 특별한 자격 조건은 없음.
• Award peer tutor: 우수한 성적으로 전공 3과목(튜터링 과목 포함) 이수한 자, 학기 중 최소 2명 이상의 학생 지도 의무, 매주 지도 교수와 간담회, 이전 on-call tutor 참가 경험자 혹은 교수에 의해 추천받은 자, 매년 20명 내외 선발
• English as a second language(ESL) tutor: ESL tutoring program에서 적어도 하나 이상의 상당한 수준의 외국어 능력을 가진 학부생을 모집하여 영어 교육 제공. 다양한 문화 경험 기회.
• 대부분은 1대 1 튜터링</td></tr>
<tr><td colspan="2">개설 교과목</td><td colspan="3">• 자주 개설 요청되는 과목: 생명과학, 화학, 컴퓨터 과학, 경제학, 통계학, 수학, 물리학 등</td></tr>
<tr><td colspan="2">학교 지원 사항</td><td colspan="3">• 튜터에 대한 비용 지급</td></tr>
<tr><td rowspan="3">튜터</td><td>자격</td><td colspan="3">• 해당 과목 B^+ 이상
• 학업에 어려움을 겪는 학생을 돕고 싶은 학생
• 보통 1학년은 제외</td></tr>
<tr><td>제한 사항</td><td colspan="3">• 매주 튜터 시간 보고
• 튜터 교육(training)에 참석</td></tr>
<tr><td>인센티브</td><td colspan="3">• on-call 튜터, ESL 튜터: 시간당 12달러 지급
• Award 튜터: 시간당 16달러 지급</td></tr>
<tr><td rowspan="2">튜티</td><td>자격</td><td colspan="3">• 특별한 자격 조건은 없음</td></tr>
<tr><td>제한 사항</td><td colspan="3">• 시간당 12달러 부담(Harvard 학부생은 시간당 4달러)
• 약속 취소 시 24시간 이전 통보 의무</td></tr>
<tr><td colspan="2">관련 홈페이지</td><td colspan="3">http://www.bsc.harvard.edu/tutor.html</td></tr>
</table>

<table>
<tr><td colspan="2">학교명</td><td>Yale University</td><td>주관 기관</td><td>프로그램별로 별도 운영</td></tr>
<tr><td colspan="2">프로그램명</td><td>Tutoring</td><td>진행 방식</td><td>Drop-in방식, Appointment방식</td></tr>
<tr><td colspan="2">목적</td><td colspan="3">• 교과 수강에 어려움을 겪는 학생의 학업 보조
• Writing의 경우, 학부생의 글쓰기 능력 향상</td></tr>
<tr><td colspan="2">프로그램 내용</td><td colspan="3">• Science and Quantitative Reasoning
– the Residential College Math and Science Tutoring program: 튜터가 일주일에 5회 사무실에 대기하며 방문하는 학생들을 도움.
– the Science and QR Tutoring program: 교수가 해당 과목 공부에 어려움을 겪는 학생(C이하의 학점을 받을 것 같은)이라고 판단하여 학장에게 보고하면 튜터와 연결함.
• Writing: 글쓰기 센터에서 할당한 12명의 튜터(전문 편집자 혹은 작가 등)들이 주당 10시간 이상 작문을 도와줌. 또는 글쓰기 센터에서 대기하는 특별히 훈련된 학부생(writing partner)에게 도움을 받을 수 있음.
• Humanities and Social Science: 교수가 인문사회과학 과목 공부에 문제가 있는 학생이라고 판단하여 학장에게 보고하면 튜터와 연결함
• Foreign Language: 교수가 외국어 공부에 문제가 있는 학생이라고 판단하여 학장에게 보고하면 튜터와 연결함(일대일 튜터링)</td></tr>
<tr><td colspan="2">개설 교과목</td><td colspan="3">• Science and Quantitative Reasoning, Writing, Humanities and Social Science, Foreign Language</td></tr>
<tr><td colspan="2">학교 지원 사항</td><td colspan="3">• 튜터에 대한 비용지급</td></tr>
<tr><td rowspan="3">튜터</td><td>자격</td><td colspan="3">• Science and Quantitative Reasoning: 학부생과 원활히 의사소통을 할 수 있는 대학원생
• Writing: 작가 혹은 전문 편집인, 작문수업 교수자, 특별히 훈련받은 학부생
• Humanities and Social Science: 대부분은 자격이 있는 학부생, 대학원생도 가능
• Foreign Language: 원어민 혹은 비슷한 수준의 외국어 능력자</td></tr>
<tr><td>제한 사항</td><td colspan="3">• Science and Quantitative Reasoning: 1주당 15시간
• Writing: 학기당 과목당 10시간
• Humanities and Social Science: 학기당 과목당 10시간
• Foreign Language</td></tr>
<tr><td>인센티브</td><td colspan="3">• 시간당 10달러 지급</td></tr>
<tr><td rowspan="2">튜티</td><td>자격</td><td colspan="3">• 학업에 어려움을 겪는 학생(C학점 이하)</td></tr>
<tr><td>제한 사항</td><td colspan="3">• Yale 학부생은 비용 부담 없음</td></tr>
<tr><td colspan="2">관련 홈페이지</td><td colspan="3">http://www.yale.edu/yalecollege/publications/instructors/advising/tutoring/</td></tr>
</table>

학교명		University of Pennsylvania	주관 기관	The Tutoring Center
프로그램명		Tutoring	진행 방식	Appointment 방식
목적		• 학생들의 교과 학습에 도움		
프로그램 내용		• Individual tutoring: 학교에 개설된 핵심 개론 과목과 중간 수준의 과목에 대해서 튜터가 필요한 학생에게 연결 • Private tutoring: individual tutoring에서 제공되지 않은 과목에 대해서 튜터가 필요한 학생에게 연결		
개설 교과목		• Individual tutoring: core introductory and intermediate core • Private tutoring: individual tutoring에서 제공되지 않는 과목		
학교 지원 사항		• 기출 시험문제 제공 • 우수 튜터 선정 및 시상 • 튜터에 대한 비용 지급		
튜터	자격	• 해당과목 A^- 학점 이상 • 전체 평점 3.25 이상의 학부생 • 어떤 경우에는 학과의 승인이 필요		
튜터	제한 사항	• 주당 최소 6시간 튜티 지도 • 튜터링 workshop, training 참석 • 튜터링 관련 행사 참석 정도에 따라 experienced, advanced, mastered tutor로 분류		
튜터	인센티브	• 튜터링 비용 지급		
튜티	자격	• 특별한 자격 조건 없음		
튜티	제한 사항	• individual tutoring: 주당 최대 3회(회당 1시간) 튜터링 약속을 신청할 수 있음 • private tutoring: 한 학기에 최대 2과목까지 신청		
관련 홈페이지		http://www.vpul.upenn.edu/dasp/tutoringCenter_home.html		

학교명		Duke University	주관 기관	Academic Advising Center
프로그램명		Peer Tutoring Program	진행 방식	Appointment 방식
목적		• 과목의 개념들을 심화 학습 • 교과목에서 제공되는 개별 개념과 개념들 간의 연결 • 실습 기회 제공		
프로그램 내용		• Duke 학부생에 제공되는 무료 학습 지원 프로그램으로 학기 단위로 진행		
개설 교과목		• 생물학, 화학, 컴퓨터 과학, 경제학, 전자공학, 공학, 외국어, 수학, 물리학		
학교 지원 사항		• 튜터에 대한 비용 지급 • 튜터링 자료 지원		
튜터	자격	• 해당 교과목 성적이 B^+ 학점 이상을 받은 2, 3, 4학년 학부생 혹은 대학원생 • 대학원생의 경우 타기관에서 관련 교과목을 수강한 경우도 인정		
	제한 사항	• 1주당 1시간 1회 이상의 튜터링 금지 • 최대 학기당 12회 1시간 튜터링 가능 • 각 학기당 튜터는 한 과목만 가능		
	인센티브	• 학부생 시간당 10달러 • 대학원생 시간당 13달러		
튜티	자격	• 특별한 자격 제한 없음		
	제한 사항	• 비용 부담 없음 • 약속 시간 변경 및 취소는 24시간 이전에 튜터에게 통보 • 2회 연속 다음의 사유(건강상 문제, 가족의 경조사, 학교 행사 참석) 외, 약속 시간을 지키지 못하면 더 이상 튜터링을 받을 수 없음		
관련 홈페이지		http://aaswebsv.aas.duke.edu/skills/PTPwebsite/		

학교명		Stanford University	주관 기관	Center for Teaching and Learning
프로그램명		Tutoring	진행 방식	Appointment방식, Drop-in방식
목적		• 학생들의 학업 능력 향상		
프로그램 내용		• Residential tutors(RT): 기숙사에 거주하면서 기숙사 정규 스태프로 drop-in 방식의 튜터링 참여 • Appointment tutors(AT): 상호 시간 약속을 한 후 일대일로 만나 튜터링을 운영		
개설 교과목		• 외국어, 생물학, 수학, 화학, 경제학, 공학, 심리학, 통계학		
학교 지원 사항		• 튜터-튜티 간 약속을 원활히 하기 위한 온라인 시스템 구축 • 튜터에 대한 비용 지급		
튜터	자격	• 교수의 추천을 받은 학부생으로 자신의 지식을 공유하고 싶은 자		
	제한 사항	• 튜터 교육(Tutor Training) 참석 • RT: 주당 최소 6시간 이상 근무 • AT: 주당 최대 10시간 이내의 튜터링 운영		
	인센티브	• RT: 연간 2,300달러 지급 • AT: 튜터 교육(Tutor Training)에 대한 1학점 인정, 튜터링 1시간당 13달러 지급		
튜티	자격	• 모든 학부생		
	제한 사항	• 비용 부담 없음		
관련 홈페이지		http://ctl.stanford.edu/Tutoring/		

<table>
<tr><td colspan="2">학교명</td><td>Brown University</td><td>주관 기관</td><td>Academic Support Center</td></tr>
<tr><td colspan="2">프로그램명</td><td>Tutoring Program</td><td>진행 방식</td><td>Appointment 방식</td></tr>
<tr><td colspan="2">목적</td><td colspan="3">• Brown 대학에서 공부하는 학생들을 도움
• 학생과 학생, 학생과 교수 간의 유기적 관계 형성</td></tr>
<tr><td colspan="2">프로그램 내용</td><td colspan="3">• 스터디 그룹 내의 학생과 학생, 교수와 학생의 협동 작업에서 학생을 도와주기 위한 목적.
• one-to-one 튜터링과 소그룹 튜터링(튜터 1명당 튜티 2～3명)</td></tr>
<tr><td colspan="2">개설 교과목</td><td colspan="3">• 모든 과목과 언어</td></tr>
<tr><td colspan="2">학교 지원 사항</td><td colspan="3">• 튜터에 대한 비용 부담</td></tr>
<tr><td rowspan="3">튜터</td><td>자격</td><td colspan="3">• 일반적으로 해당 과목에 우수한 성적을 얻은 자(기준이 표시되어 있지 않음)
• 언어의 경우에는 원어민이면 가능함</td></tr>
<tr><td>제한 사항</td><td colspan="3">• 1명의 튜티에 대하여 1주당 1～3시간 실시
• 추가 튜터링은 사전 허가 필요
• 한달에 2회 시간표 작성 제출
• 튜터는 과제물을 읽고 수정하거나 문제 풀이를 수정할 수 없음</td></tr>
<tr><td>인센티브</td><td colspan="3">• 튜티 1명에 대하여 시간당 8달러 지급
• 1그룹에 대하여 시간당 10달러 지급</td></tr>
<tr><td rowspan="2">튜티</td><td>자격</td><td colspan="3">• 특별히 자격 제한 없음</td></tr>
<tr><td>제한 사항</td><td colspan="3">• 비용 부담 없음
• 24시간 전 통보없이 2회 약속을 어기면 튜터링 프로그램에 참가할 수 없음</td></tr>
<tr><td colspan="2">관련 홈페이지</td><td colspan="3">http://www.brown.edu/Student_Services/Resource_Center/tutoring/main.php</td></tr>
</table>

3. 기타 외국 대학의 튜터링 지원 사이트

대학명	웹페이지
노스웨스턴 대학교	http://www.kellogg.northwestern.edu/stu_aff/tutor.htm
노터데임대학교	http://www.nd.edu/~fys/tutoring.html
다트머스대학교	http://www.dartmouth.edu/~acskills/tutors/index.html
라이스대학교	http://www.ruf.rice.edu/~acadadv/tutors/
매사추세츠공과 대학교	http://mit.edu/arc/learning/resources/tutoring.html
밴더빌트대학교	http://www.vanderbilt.edu/cas/supportservices/tutoring services/index.php
시카고대학교	http://www.college.uchicago.edu/tutors/index.html
에모리대학교	http://www.college.emory.edu/current/support/lear ning_programs/epass.html
워싱턴대학교	http://cornerstone.wustl.edu/acadMentor.htm
존스홉킨스 대학교	http://www.jhu.edu/advising/tutor.html
컬럼비아대학교	http://www.columbia.edu/cu/ccs/cutta/tutoring.html
코넬대학교	http://www.clt.cornell.edu/campus/learn/tutor/tutordefa ult.htm
프린스턴대학교	http://www.princeton.edu/odoc/services/tutoring/

부록

1. 튜터링 온라인 신청 양식(튜터, 튜티)

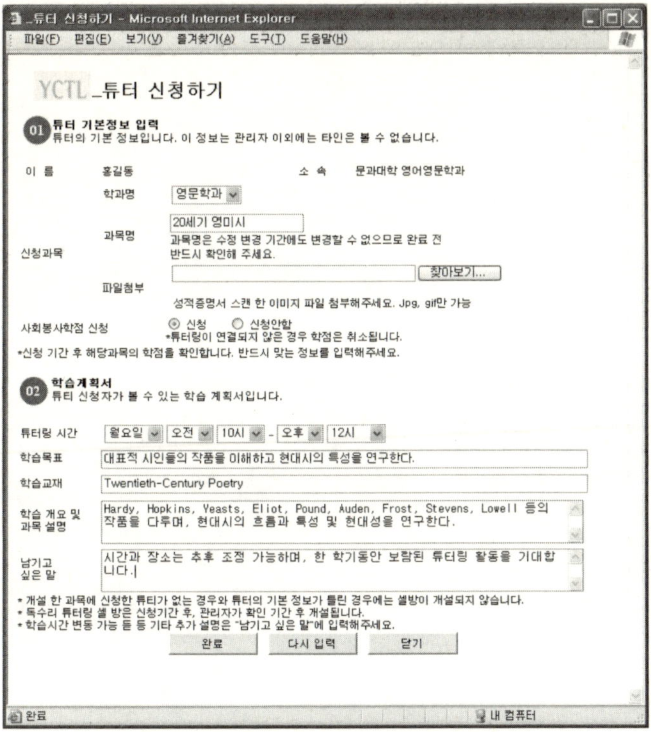

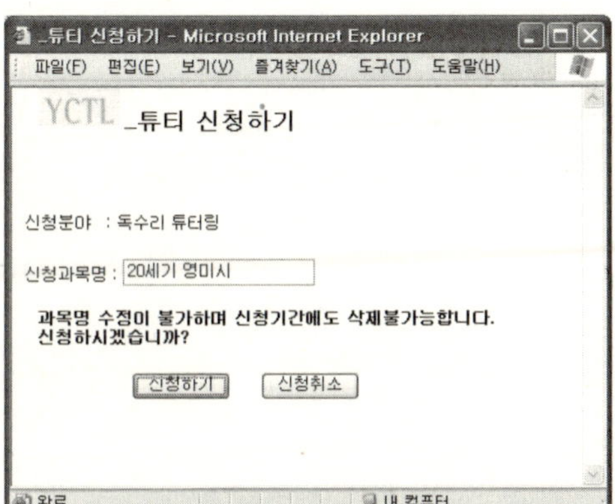

2. 튜터링 학습 계획서 예시

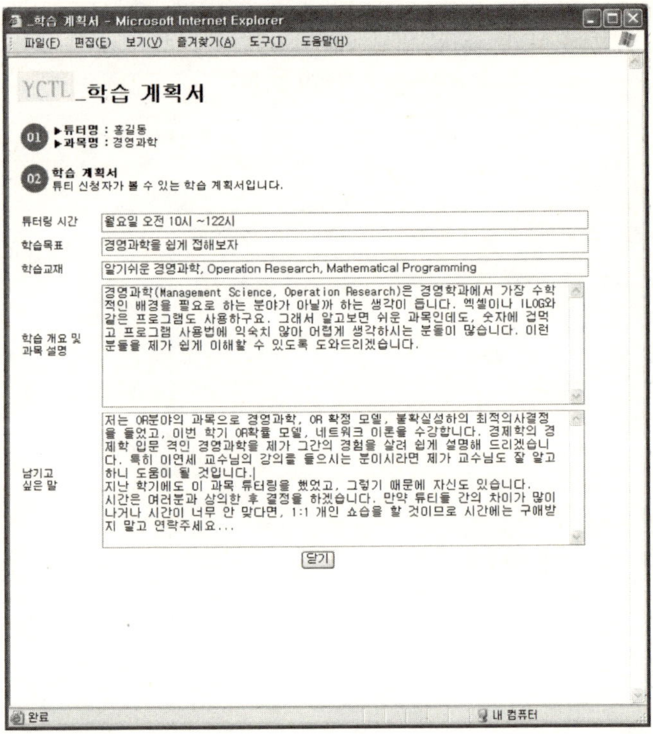
_학습 계획서 - Microsoft Internet Explorer

파일(F) 편집(E) 보기(V) 즐겨찾기(A) 도구(T) 도움말(H)

YCTL_학습 계획서

01 ▶튜터명 : 홍길동
▶과목명 : 경영과학

02 학습 계획서
튜티 신청자가 볼 수 있는 학습 계획서입니다.

튜터링 시간	월요일 오전 10시 ~122시
학습목표	경영과학을 쉽게 접해보자
학습교재	알기쉬운 경영과학, Operation Research, Mathematical Programming
학습 개요 및 과목 설명	경영과학(Management Science, Operation Research)은 경영학과에서 가장 수학적인 배경을 필요로 하는 분야가 아닐까 하는 생각이 듭니다. 엑셀이나 ILOG와 같은 프로그램도 사용하구요. 그래서 알고보면 쉬운 과목인데도, 숫자에 겁먹고 프로그램 사용법에 익숙치 않아 어렵게 생각하시는 분들이 많습니다. 이런 분들을 제가 쉽게 이해할 수 있도록 도와드리겠습니다.
남기고 싶은 말	저는 OR분야의 과목으로 경영과학, OR 확정 모델, 불확실성하의 최적의사결정을 들었고, 이번 학기 OR확률 모델, 네트워크 이론을 수강합니다. 경제학의 경제학 입문 격인 경영과학을 제가 그간의 경험을 살려 쉽게 설명해 드리겠습니다. 특히 이연세 교수님의 강의를 들으시는 분이시라면 제가 교수님도 잘 알고 하니 도움이 될 것입니다. 지난 학기에도 이 과목 튜터링을 했었고, 그렇기 때문에 자신도 있습니다. 시간은 여러분과 상의한 후 결정을 하겠습니다. 만약 튜티들 간의 차이가 많이 나거나 시간이 너무 안 맞다면, 1:1 개인 쇼습을 할 것이므로 시간에는 구애받지 말고 연락주세요...

닫기

완료 내 컴퓨터

3. 튜터링 활동 일지

2007학년도
튜터링 활동 일지

프로그램	☐ 독수리 튜터링 ☐ 글로벌 튜터링		☐ 학과 단위 튜터링 ☐ 하나 튜터링	
과 목 명				
튜 터 명	국 문		영 문	
소 속				
학 번			학 년	
연 락 처				
튜 티 명	성 명	소 속	학 번	연락처

★ 본 활동 일지는 학기 말에 교육개발지원센터로 제출해 주시기 바랍니다.

튜터링 출석 현황

<u>튜터링 팀 구성원의 출석 현황을 기록하시기 바랍니다.</u>

- 팀 구성원의 인적 사항을 기재한 후 각 날짜별로 참석 여부를 기록
- 구분 기호: 참석 ○, 불참석 ×, 병결 ☆, 사고결 △
- 3회 이상 무단 결석 학생의 경우 잔여 시간 참석 불가

2007년

		성 명	학 번	출 석 기 록															
튜 터				월일															
				출석															
튜티	1			월일															
				출석															
	2			월일															
				출석															
	3			월일															
				출석															
	4			월일															
				출석															

		성 명	학 번	출 석 기 록															
튜 터				월일															
				출석															
튜티	1			월일															
				출석															
	2			월일															
				출석															
	3			월일															
				출석															
	4			월일															
				출석															

학습 계획서

교 과 목	
학습 계획	
학습 개요	
학습 목표	
진행 교재	

	세부 학습 계획
1주차	
2주차	
3주차	
4주차	
5주차	
6주차	
7주차	
8주차	
9주차	
10주차	
11주차	
12주차	
13주차	
14주차	
15주차	
16주차	

활동 일지 작성 예시

<table>
<tr><td colspan="2">일 시</td><td colspan="3">2007년 3월 30일(금요일) 10시 30분 ~ 12시 00분</td></tr>
<tr><td colspan="2">활동 시간</td><td>1시간 30분</td><td>회 차</td><td>2회</td></tr>
<tr><td colspan="2" rowspan="4">튜 터 링
활동 내용
(기록 또는 자료 첨부)</td><td colspan="3">오늘의 튜터링</td></tr>
<tr><td colspan="3">• 학습 내용 및 학습 방법
학습 내용
제 4 장 4.6 대체 효과와 소득 효과(p. 100~)
앞으로 계속되는 경제학 공부를 위해 중요한 부분이므로 한번 더 설명하여 보다 확실한 이해 유도
제 5 장 생산자 이론(p. 111~)
생산자로서의 ‘기업’의 개념과 생산 기술, 생산 과정 등 공부 등량곡선의 이해와 도출
학습 방법
튜터의 중요 개념 설명과 튜티의 예습 내용 발표</td></tr>
<tr><td colspan="3">다음 튜터링 계획</td></tr>
<tr><td colspan="3">• 학습 내용
제 5 장 생산자 이론: 5.5 비용 극소화를 위한 선택(p. 124~)</td></tr>
<tr><td colspan="2">튜 터 링
자가 평가
(튜터)</td><td colspan="3">① 오늘 구성원 전체의 참여도는?
□ 매우 부족 □ 다소 부족 □ 보통 ■ 대체로 만족 □ 매우 만족
② 오늘 나의 학습 자료 준비는?
□ 매우 부족 □ 다소 부족 ■ 보통 □ 대체로 만족 □ 매우 만족
③ 오늘 나의 학습 내용 전달은?
□ 매우 부족 □ 다소 부족 ■ 보통 □ 대체로 만족 □ 매우 만족
④ 오늘 튜티들의 이해도는?
□ 매우 부족 □ 다소 부족 □ 보통 ■ 대체로 만족 □ 매우 만족
⑤ 오늘의 학습 환경은?
□ 매우 부족 □ 다소 부족 □ 보통 □ 대체로 만족 ■ 매우 만족</td></tr>
<tr><td rowspan="3">튜티 소감</td><td>나일등</td><td colspan="3">규칙적으로 정해진 시간, 일정 분량의 학습으로 꾸준히 공부할 수 있었습니다.</td></tr>
<tr><td>조인성</td><td colspan="3">서로 모르던 정보도 공유할 수 있었고 공부하는 분위기 조성이 좋았습니다.</td></tr>
<tr><td>김아중</td><td colspan="3">제4장의 문제 풀이와 토론식 진행으로 학습법 향상에 실질적 도움이 되었습니다.</td></tr>
</table>

4. 튜터링 평가 발표회 자료 예시 1

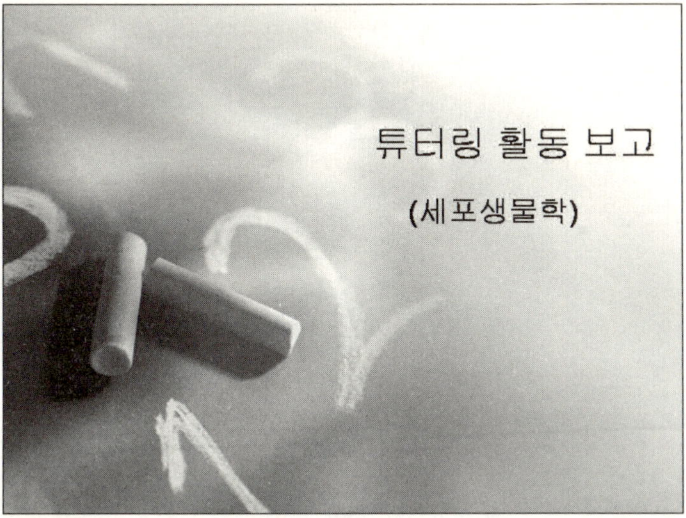

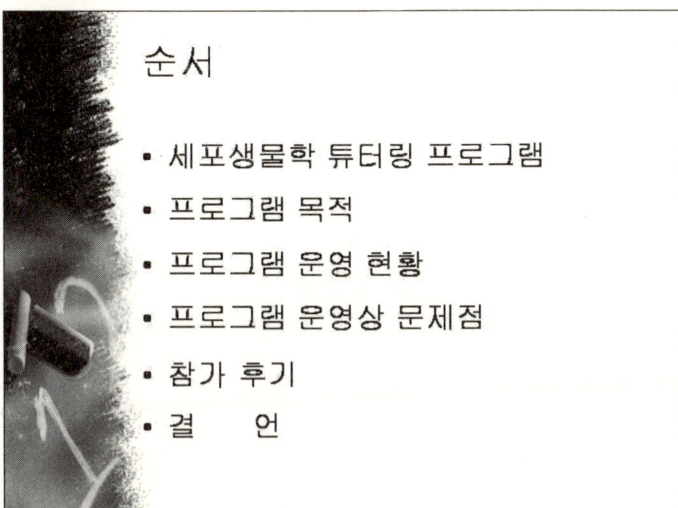

세포생물학 튜터링 프로그램

- 교재 : Molecular Cell biology, 2006, 6th ed. Lodish, *et al.*
- 활동 기간 : 3월 13일 ~ 6월 7일
- 운영 시간 : 튜티 1인당 일주일 2회 3~4시간
- 프로그램 참가자
  - 튜터 : 유재일(생물학 4)
  - 튜티 : 튜티 1(식품영양3;1팀),
    튜티 2(치의예2;2팀),
    튜티 3(생물학3;3팀),
    튜티 4(생명공학3;3팀)

프로그램 목적

- 세포생물학에 대한 이해
  - 수업 내용 이해
- 세포생물학 관련 논문 강독 및 토론
  - 일주일에 한 편씩 관심있는 주제의 논문을 선정, 강독 후 토론
- 00대학교 구성원으로서의 친목도모
- 강의에 대한 피드백

프로그램 운영 현황

- 운영 시간
  - 1팀 : 월 15시~, 토 11시~(공통)
  - 2팀 : 목 15시~, 토 11시~(공통)
  - 3팀 : 월 8시~, 토 11시~(공통)
- 모임 장소
  - 도서관, 이과대학, 공과대학 등
- **출결 상황 : 총 49.5H**

튜터	튜티			
유재일	튜티 1	튜티2	튜티3	튜티 4
48.5H	29H	11.5H	19.5H	20.5H

프로그램 운영 현황

- 운영 방식
  - 수업 중 의문 사항 질문
  - 시험 준비
    - 기존의 일정과 별도로 시간 할애
  - 세포생물학 관련 논문 강독
    - 1학기 동안 6개의 논문 선정 강독
  - 관련 교과목 청강
    - 공과대 000 교수님 세포생물학 수업 청강(4월 15일)
  - 생물학 강의 노트 제작

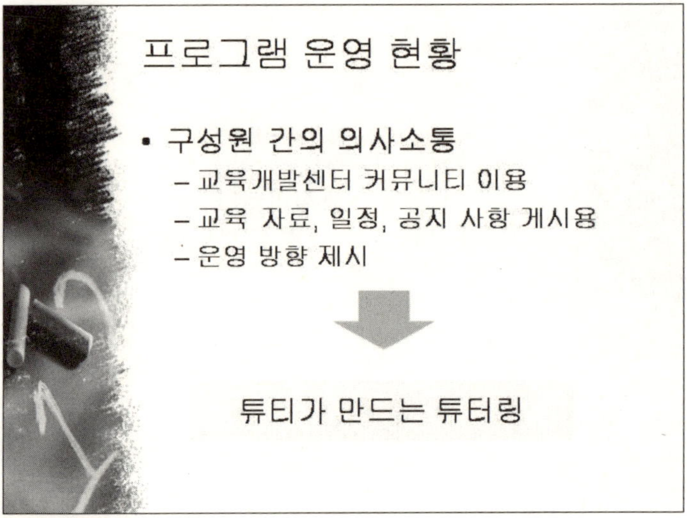
프로그램 운영 현황
• 구성원 간의 의사소통
– 교육개발센터 커뮤니티 이용
– 교육 자료, 일정, 공지 사항 게시용
– 운영 방향 제시
튜티가 만드는 튜터링

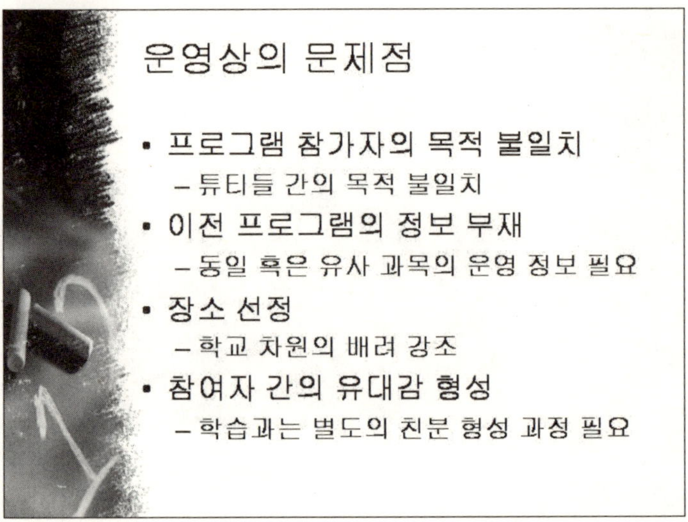
운영상의 문제점
• 프로그램 참가자의 목적 불일치
– 튜티들 간의 목적 불일치
• 이전 프로그램의 정보 부재
– 동일 혹은 유사 과목의 운영 정보 필요
• 장소 선정
– 학교 차원의 배려 강조
• 참여자 간의 유대감 형성
– 학습과는 별도의 친분 형성 과정 필요

참가 후기

- "나는 수업이 끝난 후 바로 수업 내용을 질문하는 튜터링 시간을 가졌다." 그것이 매우 효과적이었다."
- "튜터-튜티 간에 수직적이 아니라, 수평적인 스터디가 이루어져서 인상적이었다."
- "서로 배우고자 하는 내용도 조금씩 달라 튜터가 너무 많은 시간을 할애한게 아닐까 하는 생각이 든다."
- "이렇게 좋은 프로그램을 운영하고 있는 교육개발센터에 감사드린다."

감사합니다.

5. 튜터링 평가 발표회 자료 예시 2

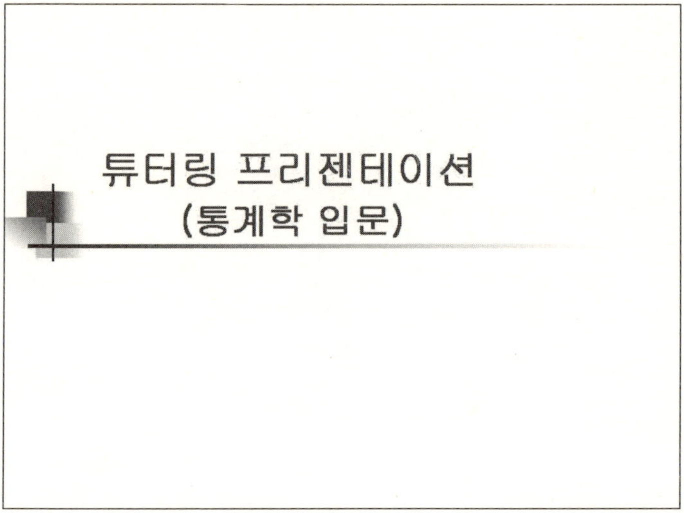

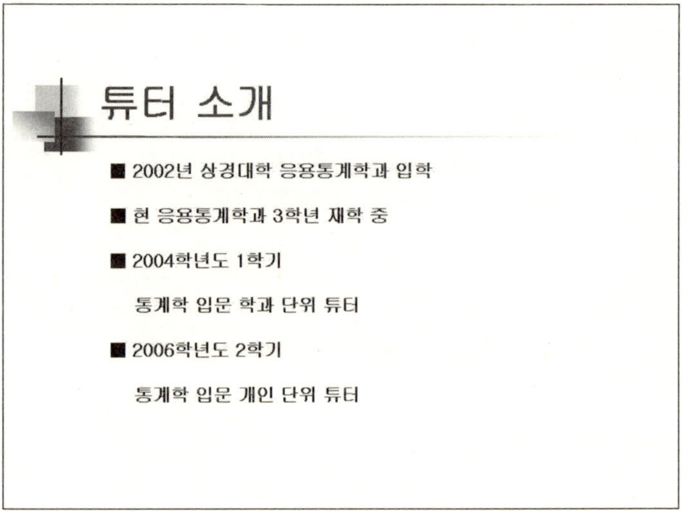

튜티 소개

- 튜티1 (03학번)
  - 중어중문학과 / 경제학과 이중전공
  - 금융권을 목표로 열심히 공부하는 동갑내기 친구
- 튜티2 (06학번 / 사회과학대학)
  - 사회과학대학, 정외과 지망
  - 장래 국가 공무원을 꿈꾸는 열혈 경상도 사나이
- 튜티3 (06학번 / 사회과학대학)
  - 사회과학대학, 정외과 지망
  - NGO(비정부 기구)에 관심이 많은 꿈많은 새내기

통계학 입문 교과 과정(1)

- 사회계열(02~03학번) 및 법과대학, 경영대학, 상경대학, 사회과학대학(04학번 이후)의 계열 기초 과목
- 경영학과, 응용통계학과, 경제학과 이중전공 / 부전공 시 필수 이수과목
- 통계방법론, 수리통계학, 재무관리, 금융공학, 계량경제학 등 많은 경영대학, 상경대학 과목들의 선수 과목
- 특성상 수강생 수가 많음(대형 강의, 교수/강사 다양)

통계학 입문의 교과과정(2)

학습 대단원	학습 세부 내용	어려운 부분
확률론	확률의 정의/연산, 베이즈 정리	전확률 공식, 베이즈
확률변수론	확률변수의 정의, 종류	공분산과 상관계수
이산확률분포	이산확률분포의 뜻, 성질 (이항분포, 초기하분포, 포아송분포)	이항분포와 초기하분포 포아송분포의 상호관계
연속확률분포	연속확률분포의 뜻, 성질 (정규분포, 지수분포)	포아송분포와 지수분포의 상호관계
표본분포	중심극한정리, 표본평균/분산 분포 (T분포, F분포, 카이제곱 분포)	T분포, F분포, 카이제곱분포 이해
추정과 검정	추정의 뜻, 추정량 성질, 가설검정	통계적 가설검정과정
회귀분석	단순회귀분석의 원리 및 적용	추정량과 적합도 계산
분산분석	ANOVA(분산분석)의 원리 및 적용	ANOVA 작성 방법

튜터링 진행 방식(1)

- 교수님 수업을 듣는 튜티와 강사님 수업을 듣는 튜티의 진도가 다른 점, 교재가 상이한 점을 감안하여 2개의 팀으로 운용

구 분	그룹 A	그룹 B
해당 튜티	튜티1	튜티2, 튜티3
분 반	ㅇㅇㅇ 교수님	ㅇㅇㅇ 강사님 ㅇㅇㅇ 강사님
1차 시험 진도	확률론, 이산/연속분포	확률론, 이산형확률분포
2차 시험 진도	표본론(표본분포), 추정	연속형확률분포, 표본론
3차 시험 진도	검정, 분산분석	추정 및 모평균 검정
4차 시험 진도	회귀분석, 적합도 검정	검정(나머지), 회귀분석

튜터링 진행 방식(2)

- 그룹 A (튜티1)
  - 정기 튜터링: 매주 월요일 저녁 6시(또는 7시)
  - 튜터링 시간: 2시간 ~ 3시간
  - 수시 튜터링: 1차 시험, 2차 시험 직전 질문 위주로
  - 트러블 슈팅: 핸드폰 문자 메시지, 전화 통화 등
- 그룹 B (튜티2, 튜티3)
  - 정기 튜터링: 매주 수요일 낮 11시
  - 튜터링 시간: 2시간
  - 수시 튜터링: 인터넷 E-Mail을 통한 4차례 개별 보충 학습
  - 트러블 슈팅: 핸드폰 문자 메시지, 전화 통화 등

※ 장소는 중앙도서관 세미나실 이용

튜터링 진행 방식(3)

- 정기 튜터링
  - 학교 정규 수업 시간에 다룬 내용을 복습
  - 금주 / 차주에 배울 내용을 예습
  - 수업 시간에 생략하고 지나간 부분에 대한 증명
    (예) 전확률 공식과 베이즈 공식의 관계(확률론)
    상관계수가 -1과 1 사이임을 증명(확률변수론)
    포아송 분포의 확률질량함수 유도 과정(이산확률분포)
    모표준편차 대신 표본표준편차를 이용하는 경우 T확률변수로 변화하는 과정 증명(Sampling Distribution)
  - 교재
    1) 주교재: 실용통계학(그룹A) / Keller의 통계학(그룹 B)
    2) 부교재: 서울대학교 출판부(김우철 외) 『현대통계학』
  - 시험기간 전에는 내용 총 복습 및 부교재(현대통계학)의 해당 단원 연습 문제 풀이

튜터링 진행 방식(4)

- 수시 튜터링
  - ㅇㅇㅇ 교수님의 수업을 듣는 튜티1의 경우 교재에 풀어야 할 연습 문제가 많아서 시험 기간 바로 전주에 같이 문제 푸는 시간을 추가로 가짐
  - 튜티2, 튜티3의 경우 미분·적분학을 배우지 않은 7차 교육과정 특성상 수학적인 기반과 통계학적인 사고가 부족함을 고려하여 4차례에 해당하는 연습 문제 세트 제공
- 시간 안배
  - 지난 튜터링 시간과 정규 수업 시간에 배운 내용을 빠른 속도로 정리 복습(20분~40분 사이)
  - 이번 주에 새로 학습할 내용(예습할 내용)에 대한 내용 전개식 강의 필요 수식 증명을 포함한 개념 정리(20분~40분 사이)
  - 주교재와 부교재의 대표 예제 및 연습 문제 풀이(40분~1시간 사이)
  - 질문 / 답변(수시), 차주 튜터링 학습에 대한 안내(끝날 무렵)

TROUBLE SHOOTING(1)

- 통계학 입문 학습시 수학적이고 통계학적인 사고를 요구하는 내용이 많기 때문에 튜티들의 많은 질문 발생
- 따라서 튜터링 중간에, 직후에, 그리고 평상시에 발생하는 많은 궁금증을 해결해 줄 수 있는 방법이 강구되어야 함
- 튜터링 중에 생겨난 의문점
  - 개념이나 간단한 증명, 문제: 그 자리에서 바로 답변
  - 복잡한 증명, 튜터에게도 혼란스러운 개념이나 문제
    - ▶ 반드시 확인 후 최대한 빠른 시간 내에 답변(원칙!)
    - ▶ 복잡한 증명의 경우 튜터가 직접 증명 과정을 풀어본 후 자료 제공

(실제 사례) 표본 분산을 구할 때 n이 아닌 n-1로 나누는 이유를 튜티1, 튜티2가 질문하였습니다. 이에 4쪽으로 이유를 쉽게 설명하여 프린트로 작성하여 답변해 주었습니다.

TROUBLE SHOOTING(2)

- 평상시에 발생한 궁금증
  - 튜터들이 튜터에게 편안하게 질문할 수 있도록 하기 위해서 핸드폰 문자 메시지, 전화 통화, E-Mail 등의 다양한 경로를 통해서 질문을 받고 최대한 빠른 시간 내에 해결하여 답변

(실제 사례) 10월 초에 튜티2로부터 줄기-잎 그림을 그릴 때 만약 자료가 소수점으로 되어 있거나, 아주 큰 수로 되어 있을 경우 어떻게 해야 하는지 문자 메시지를 통해 질문을 받았고 이에 알고 있던 지식과 더불어 전공 서적에서 찾은 내용을 바탕으로 전화 통화를 통해 답변해 주었습니다.

튜터링 기본 원칙

- 제가 이번 학기 튜터링을 하면서 세웠던 기본 원칙은 다음과 같습니다.
  1) 튜터링 실시 3일 전에 시간과 장소, 필요 지참물을 반드시 알려준다.
  2) 튜터링 불참시 튜티는 반드시 3일 이전에 튜터에게 알려준다.
  3) 튜터링 시간에는 통계학 입문과 관련 없는 사담(私談)을 최대한 배제한다.
  4) 튜티의 궁금증은 최대한 빠른 시간내에 정확히 답변하여 준다.
  5) 내용을 전개하여 설명할 때는 반드시 기존의 내용을 바탕으로 하고, 새로운 내용이 등장할 경우 반드시 논리적으로 설명한다. 또한 새로운 수식이나 공식이 등장할 경우 반드시 증명한다.
  (단, 고등수학(미분·적분학, 선형대수 등)을 필요로 하는 증명은 생략한다.)

튜터링 노하우

- 최대한 편안한 분위기 속에서 튜터링이 이루어질 수 있도록 노력하였습니다
- 대표 예제를 풀 때는 튜터가 차근차근히 설명하면서 이해를 돕고, 단원 연습 문제를 풀 때는 튜티가 먼저 손으로 직접 풀어 본 후 다같이 답을 맞추어 보는 형식으로 상향식 튜터링과 하향식 튜터링을 병행하였습니다
- 튜티들이 단원 연습 문제를 풀고 있는 동안 풀이 과정을 유심히 관찰한 후 잘못된 표기법(notation), 수식을 정정하여 주었고, 이해를 하지 못하거나 어려워 할 경우 보충 설명을 통해 힌트를 주어 스스로 해결할 수 있도록 도와주었습니다.
- 통계학 입문 시험이 끝나면 튜티에게 반드시 문제 유형과 난이도에 대해 물어보고, 결과에 따라서 전략을 세울 수 있도록 도와주었습니다

튜터링은 튜터/튜티에게…

- 튜터에게는 기초 통계학 과정을 다시금 새롭게 정리하는 기회가 되었습니다. 그리고 예기치 못한(unexpected) 문제 제기를 통해서 당연하게 생각해 오던 사실에 대해 다른 관점에서 바라볼 수 있는 기회를 갖게 해 주었습니다. 또한 무엇보다도 이해하고 있는 것과 설명하는 것이 다름을 깨닫게 되었고, 튜티들과의 인간적인 관계 맺음 속에서 선후배애를 돈독하게 쌓을 수 있었습니다.
- 튜티에게는 어려운 내용에 대해 튜터의 설명과 학습 방향 제시로 쉽게 이해할 수 있는 기회를 얻게 되었고, 통계학은 무조건 외우는 것이다라는 편견을 버리게 되는 기회가 되었습니다. 그리고 통계학적인 사고방식에 대해 터득하고 통계학의 학습 방법에 대해 알게 되었던 좋은 시간이었습니다.

튜터링의 성과

- 비가시적 성과
  - 튜터에게 있어서 아는 것을 설명할 수 있는 것으로 한 단계 격상시킬 수 있는 기회를 주었음
  - 튜티에게 있어서 통계학적인 마인드를 형성할 수 있는 기회를 주었음
- 가시적 성과
  - 튜티 1: 1차 시험(만점), 2차 시험(32/35점)
  - 튜티 2: 1차 시험과 2차 시험에서 상위 점수를 받음
    3차 시험(결과 아직 안 나옴)
  - 튜티 3: 1차 시험은 평균 상위 점수, 2차 시험은 상위 점수 획득
    3차 시험(결과 아직 안 나옴)

※ 튜티들은 마지막 남겨둔 4차 시험을 앞두고 열심히 공부하고 있습니다.
모두들 노력한 만큼 결실을 거두길…

미흡했던 점 / 보완해야 할 점

- 통계학 수업의 이질성에 따른 이원화
  - 교수님 수업을 듣는 튜티와 강사님 수업을 듣는 튜티들의 경우 같이 튜터링을 진행하는 것이 불가능하여 두 팀으로 나누어서 하였기에 한 팀에 많은 시간을 할애할 수 없었습니다.
- 개념 전달 부족
  - 일부 개념에 대해서는 튜티들이 이해하고 있는지를 제대로 확인하지 못하여 약간의 시행착오 과정이 있었습니다.
- 공간의 부적절성
  - 중앙도서관 6층 세미나실은 공간은 넓으나 사람이 많을 경우 시끄럽고 소란스러워 집중도가 떨어졌습니다.

결의

- 튜터링은 통계학의 관점으로 바라보았을 때
  내가 알고 있는 지식 (K)nowledge이 ----- Certain Vector
  튜티들의 마음 속에 ----- Subspace
  전달되어 ----- Projection
  튜티들의 지식 (K)nowledger이 되는 ----- Projected Vector
  최적화 과정 ----- Best Approximation Process
- 튜터링은 내가 모르면 전달할 수 없고, 내가 안다고 해도
  전달 방법이 잘못 되면 튜티가 이해할 수 없고, 전달이 제대로 되어도
  튜티가 자신의 것으로 소화하려는 의지가 없이는 실패하기 마련
- 끊임없는 배움과 가르침의 과정인 인생 속에서 최고의 튜티이자
  최고의 튜터인 여러분이 되시기 바랍니다.

참고문헌

Ashwin, P. (2005). Variation in Students' Experiences of the "Oxford Tutorial". *Higher Education, 50*(4), 631-644.

Beasley, C. J. (1997). *Students as teachers: The benefits of peer tutoring.* Paper presented at the Teaching and Learning Forum 97, Murdoch University.

Beck, P., Hawkins, T., & Silver, M. (1978). Training and Using Peer Tutorial. *College English, 40*(4), 432-449.

Bell, J. H. (1999). Tutoring a Provisional Student in Freshman Composition. *Journal of College Reading and Learning, 29*(2), 194-208.

Belzer, A. (2006). What are they doing in there?: Case studies of volunteer tutors and adult literacy learners. *Journal of Adolescent and Adult Literacy, 49*(7), 560-572.

Bobko, E. (1984). The effective use of undergraduates as tutors for college science students. *Journal of College Science Teaching, 14*, 60-62.

Boudouris, C. C. (2005). Peer-tutoring: Positive peer interactions. *The Ohio Reading Teacher, 37*(1), 11-19.

Brandwein, A. C., & DiVittis, A. (1985). The Evaluation of a Peer Tutoring Program: A Quantative Approach. *Educational and Psychological Measurement, 45*(1), 15-27.

Bruffee, K. A. (1980). Two related issues in peer tutoring: Program structure and Tutor Training. *College Composition and Communication, 31*(1), 76-80.

Burton, L., & Elliot, R. N. (1986). Evaluation of a mathematics peer-tutoring program. *Journal of College Student Personnel, 27*, 80-81.

Carsrud, A. L. (1979). Undergraduate Tutors: Are They Useful? *Teaching of Psychology, 6*(1), 46-48.

Clegg, S., Trayhurn, D., & Johnson, A. (2000). Not just for men: A case study of the teaching and learning of information technology in higher education. *Higher Education, 40*, 123-145.

Culmer, S. M. (1997). *Joint Tutoring: A Perspective on Tutoring the Incarcerated College Student.* Paper presented at the Conference on College Composition and Communication, Phoenix.

Fantuzzo, J. W., Riggio, R. E., Connelly, S., & Dimeff, L. A. (1989). Effects of reciprocal peer tutoring on academic achievement and psychological adjustment: A component anaylsis. *Journal of Educational Psychology, 81*(2), 173-177.

Goodlad (Ed.), S. (1998). Review: Mentoring and tutoring by students. *Journal Further and Higher Education*, 375-378.

Gijselaers, W. H., & Nuy, H. (1995). *Effects of Motivation on Students' Ratings of Tutor Behavior.* Paper presented at the

Annual Meeting of the American Educational Research Assoiation, San Francisco.

Green, M. (2001). *Successful Tutoring: Good Practice for Managers and Tutors.* London: Learning and Skills Development Agency.

Griffin, M. M., & Griffin, B. W. (1995). *An Investigation of the Effects of Reciprocal Peer Tutoring on Achievement, Self-Efficacy, and Test Anxiety.* Paper presented at the The Annual Meeting of the National Consortium for Instruction and Cognition, San Francisco.

Hampton, M. R., & Norman, C. (1997). Community-building in a peer support center. *Journal of College Student Development, 38* (4), 357-364.

House, D. J., & Wohit, V. (1990). The effect of tutoring program participation on the performance of academically underprepared college freshmen. *Journal of College Student Development, 31*, 365-370.

Johnston, S., & Mccormack, C. (1997). Developing research potential through a structured mentoring program: issues arising. *Higher Education, 33*, 251-264.

Kail, H. (1983). Collaborative learning in context: The problem with peer tutoring. *College English, 45*(6), 594-599.

Landrum, R. E., & Chastain, G. (1998). Demonstrating tutoring effectiveness within a one-semester course. *Journal of College Student Development, 39*(5), 502-506.

Lidren, D. M., & Meier, S. E. (1991). The effect of minimal and maximal peer tutoring systems on the academic performance of college students. *Physical Record, 41*(1), 69-77.

Magin, D. J., & Churches, A. E. (1995). Peer Turoing in Engineering Design: a case study. *Studies in Higher Education, 20*(1), 73-85.

Morgan, R. L., Whorton, J. E., & Willets, J. (2000). Use of peer-mediation to develop instructional behavior in pre-service teachers. *College Student Journal, 34*(1), 146-149.

Morrow, D. S. (1991). Tutoring Writing : Healing or What? *College Composition and Communication*, 42(2), 218-229.

Mynard, J., & Almarzouqi, I. (2006). Investigating peer tutoring. *ELT journal, 60*(1), 13-22.

Oates, G., Paterson, J., Reilly, I., & Statham, M. (2005). Effective Tutorial Programmes in Tertiary Mathematics. *International Journal of Mathematical Education in Science and Technology, 36*(7), 731-739.

Podis, L. A. (1980). Training peer tutors for the writing lab. *College Composition and Communication, 31*(1), 70-75.

Rittschof, K. A., & Griffin, B. W. (2001). Reciprocal Peer Tutoring: re-examining the value of a co-operative learning technique to college students and instructors. *Educational Psychology, 21*(3), 313-331.

Rosen, S., Powell, E. R., & Schubot, D. B. (1977). Peer-tutoring outcomes as influenced by the equity and type of role assingment. *Journal of Educational Psychology, 69*(3), 244-252.

Susan, D.-R., & Keating, K. (2000). *Library instruction : a peer tutoring model* Englewood: Libraries Unlimited Inc.

Topping, K. J. (1996). The Effectiveness of Peer Tutoring in Further and Higher Education: A Typology and Review of the Literature. *Higher Education, 32*(3), 321-345.

Wagner, L. (1982). *Peer Teaching Historical Perspectives.* Westport Greenwood Publisher Group, Inc.

Western Wisconsin Technical Coll (1995). *General Education Division Academic Skills Center Peer Tutoring Handbook.* 1994-95. Madison: Western Wisconsin Technical Coll. .

Whitt, E. J., Edison, M., Pascarella, E. T., Nora, A., & Terenzini, P. T. (1999). Interactions with peers and objective and self-reported cognitive outcomes across 3 years of college. *Journal of College Student Development, 40*(1), 61-78.

Xu, Y., Hartman, S., Uribe, G., & Mencke, R. (2001). The Effects of Peer Tutoring on Undergraduate Students' Final Examination Scores in Mathematics. *Journal of College Reading and Learning, 32*(1), 22-31.

Zaritsky, J. (1994). *Supplemental Instruction: A Peer Tutoring Program at LaGuardia Community College.* Paper presented at the the Annual Conference of the Community College General Education Assoicataion, Albany.

Zuckermann, T., & Azaria, S. (1999). *Students Help Students: A Report on a Cooperative Project Involving Teachers' College Students and Students of the Preparatory Program of Achva Academic College.* Paper presented at the the International Conference on Teacher Education, Doar Beit Berl, Israel.

저자 소개

황은영(黃殷永)

연세대학교 교육학과를 졸업하고 동 대학원에서 교육심리학 전공으로 교육학 석사학위와 박사학위를 취득하였다. 일본 쓰쿠바대학교에서 연수하였으며, 현재 연세대학교 교육개발지원센터 선임연구원으로 재직하고 있다. 대학생을 위한 튜터링 프로그램 개발, 학문 특성별 학습전략 프로그램 개발, 대학교수의 교수효능감 증진 프로그램 개발 등에 많은 관심을 가지고 연구 활동을 하고 있다. 주요 저서로는 『학부 영어진행강의 활성화 방안 정책연구』(연세대학교, 2007) 『의학교육 교수학습 방법론』(군자출판사, 2008) 등이 있다.

대학생을 위한 학습 가이드 엑설런트 튜터링

2008년 1월 25일 1판 1쇄 인쇄
2008년 1월 30일 1판 1쇄 발행

지 은 이 • 황은영
펴 낸 이 • 김진환
펴 낸 곳 • 학지사
121-837 서울특별시 마포구 서교동 352-29 마인드월드빌딩 5층
대표전화 • 02)326-1500 / 팩스 02)324-2345
홈페이지 • http://www.hakjisa.co.kr
등　　록 • 1992년 2월 19일 제2-1329호

ISBN 978-89-5891-589-8(93370)

정가 5,000원